CREATING UNION

霊的結びつきを創る

パスワークが伝える親密な関係の本質

エヴァ・ピエラコス 著
ジュディス・サリー 編
広瀬久美 訳

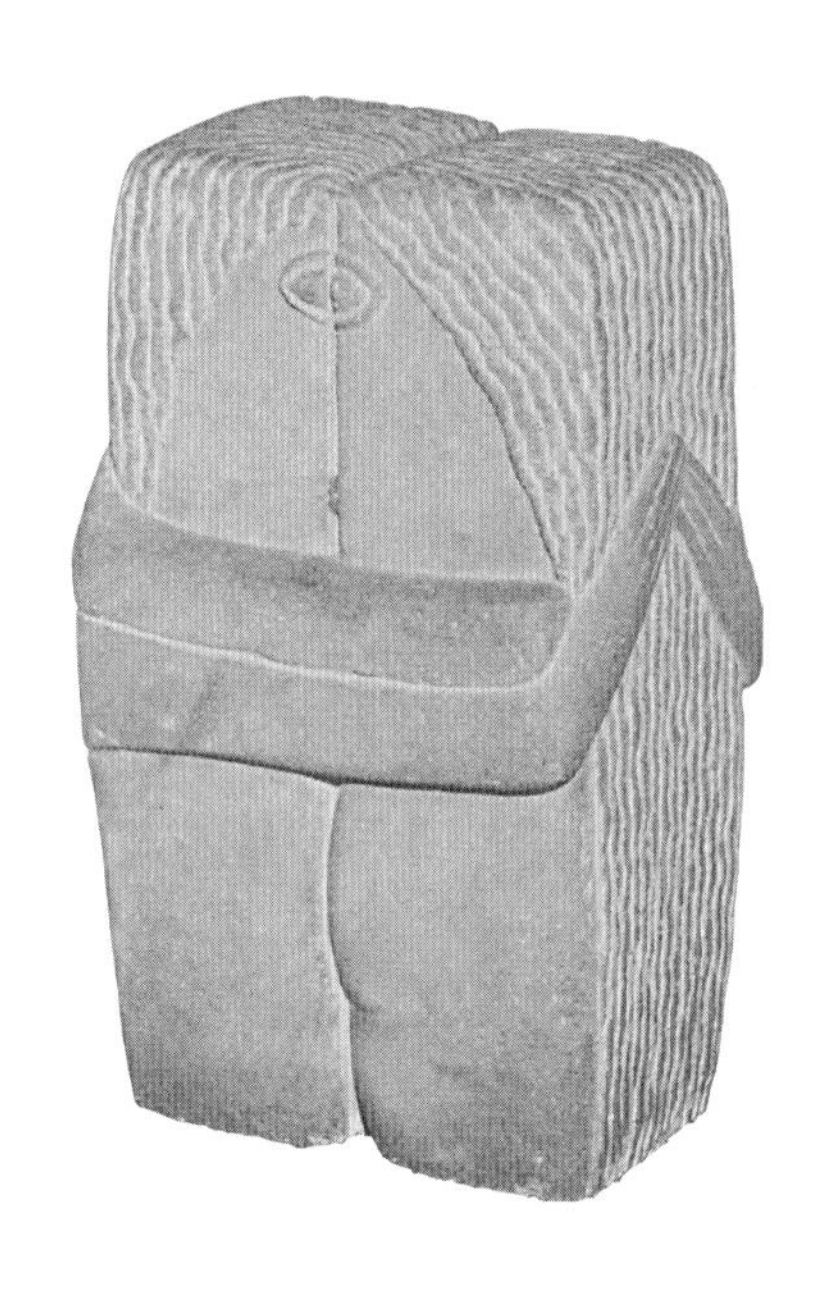

ナチュラルスピリット

CREATING UNION

by Eva Pierrakos and Judith Saly

Japanese translation rights arranged
with Pathwork Press, Madison, Virginia
through Tuttle-Mori Agency, Inc., Tokyo

パスワークの教えより

読者の皆さまへ

本書は、霊的および心理的に大きく成長するための道（パス）を求める人々に対して行われたレクチャー（講演）を収めたものです。これからあなたが読もうとしているのは、あなたの深いところの波長に合わせなければ知り得ない魂の領域に働きかける言葉です。あなたの内側で、それらの言葉は単なる思考の理論的な理解を超えて響きわたるでしょう。そして、「なるほど、これは真実だ。この教えは私の存在の最も深いところを揺さぶるものだ」という内なる感覚を持つでしょう。

自己に気づくための道を真摯に歩み続ける人は、本書の言葉を読むだけで必要な個人的ワークを実行しない人に比べて、このレクチャーが含む叡智をはるかに上手に役立てるでしょう。その違いは明らかです。あなたの内面の深いところが揺さぶられ、さらなる真実に目覚め、あなたの抱える問題をより深く理解できるようになり、ひいてはあなた自身を超越することができるでしょう。あなたの精神の各層が開かれ、それらをあなたが認識できるようになったときに、初めて完全な理解が起きるのです。

ですからあなたがこの本を読もうと決めたなら、まずは心を開いて受け入れてみてください。なお本書の巻末には、著者の略歴および本書刊行の経緯が記載されています。

霊的結びつきを創る——パスワークが伝える親密な関係の本質　目次

第2部　充実した関係を妨害するものの発見と克服

第3部　拡大した意識の時代の人間関係

ほんとうの愛は自由です。ほんとうの愛は真実に試されても揺らぎません。

解説

人生を学びの場ととらえるならば、人間関係はその中の大学です。私たちにとって人間関係、特に恋愛の関係こそ、最も多くを学び、成長させてくれる場所です。私たちは男性または女性として生まれて、互いを恋い慕い、互いを必要とします。なぜならば、私たちは「他者」と肉体的、感情的、霊的に結ばれる必要があるからです。そのように恋い慕う気持ちは私たちの遺伝子に組み込まれていて、深く満ち足りた関係を築けるパートナーを探すことは、人間生活のまさに中心的な課題となっています。

ところが長い間暮らしを共にする二人がいきいきとした関係を持続させ、来る年も来る年も一緒にいることに喜びと満足を感じ、新たな問題が起きても、それをさらに深く愛を学ぶための機会ととらえることは、大変珍しいことです。なぜ、それほど珍しいのでしょうか？　統計を見たとき、一人の相手とそのように暮らせるのは、ほんの限られた期間だけであるという結論を出してしまいたくなるでしょう。では、愛のときめきは一体どこへ行ってしまうのでしょう？

本書では、これらを始めとしたさまざまな質問に対し、的確で奥深く、かつ具体的なアドバイスを送ります。まず初めに、男女の間の対立を宇宙的エネルギーという広大な背景から説明します。私たちの日常的な二元的認識よりも大きな視点からは、その対立がどう見えるかを示してくれます。このような見晴らしのいい場所からは、私たちの心や魂をこれまでとは違った理解で眺めることができます。たとえば、人間は男らしいことと女らしいことを分けたり、あらゆることを主に善と悪とに分けるといった二元的な思考をしますが、その二元的分裂はもっと広い範囲にまで及んでいて、一人の人間の魂の中にさえも対立があります。つまり、自己の内面さえ調和していないのです。でも、この対立する自己を癒すことは可能です。癒され、健康になった自己は、心を開いて愛したり与えたりするようになり、出会う相手と誠実に向き合うことができます。では、どうしたら内面に存在する対立を発見し、癒すことができるのでしょう？　それがこの本のテーマです。十分に注意深く読めば、ここで示されていることが大変独特な領域に関することであると共に、その用い方も独特であることがわかるでしょう。また、これは異性愛にも同性愛にも当てはまります。

これまでの人生で経験した人間関係は、その人の内面的な風景を表します。どのような関係を経験してきたかを知れば、その人が人生や異性、全般的な愛と性、結婚などについてどのように考えているかを推測できます。自分自身を素直に、そしていくらか超然としながらも熱烈な興味をもって見ることができれば、あなたはそこで発見したものに驚くでしょう。ほとんどの人は、今の自分の人間関係のあり様、あるいは人間関係の欠如は、自分自身がそのように仕向けた――少なくとも相手と共同で創り上げた――ものだとわかって驚くはずです。あなたが手を貸すことなく、たまたまそうなったわけではありません。自分がまったくの被害者というわけではないとわかると、たちまち希望が湧いてきます。なぜなら、今とは違う関係を創造することができるとわかったのですから。

人間関係で起きる問題はどれも、周囲の状況や相手が原因だとあなたは信じてきたと思いますが、その真偽を問うことになるでしょう。あの人さえ変わってくれれば、どんなに幸せに暮らせることか！もちろん、これはとんでもない言いがかりです。たとえあなたが天使のようで、夫または妻、あるいは交際している人が悪魔のようだったとしても、そのような人を選んで共に過ごしているのはあなたの責任ではありませんか？　でも、私たちはあなたを天使とは想定していません。あなたも私も、自分の中に愛情深く親切で私心のない、創造的な核であるハイアーセルフと呼ばれる天使の光を持っていることは知っています。ところがそれと同時に、その清らかな核を取り巻く善性の低い層には、自己中心的で執念深く、疑い深いローワーセルフがあることも知っています。ローワーセルフは自分自身に、さらには他の人々、とりわけ身近な人に多くの苦しみを与えています。この層について無知でいたり、それがなぜ存在するのかを理解できなかったり、それがあることを認めなかったりすれば、それを変えることはできません。どれほどこの醜い層が存在しない振りをしても、どれほどそれを隠そう、振り捨てよう、瞑想で取り払おうとしても、私たちが直接向き合い、意識的に変えようとしない限り、それは消えないのです。

ところが私たちのほとんどは、このローワーセルフの存在に気づいていません。パスワークのレクチャーでは、そのローワーセルフに気をつけるように指導します。子どものころのできごとを掘り起こして、両親との幼いころの関係と現在の人間関係との関連を調べるだけでは不十分です。ただし、それらは大変に重要な意味がありますし、たくさんのヒントが得られるとは思います。でも、それ以上のワークが必要なのです。ローワーセルフとその影響を見出さなければなりません。自分の最も嫌な部分を直視して初めて、良好な人間関係を築けない理由を知ることができ、そして、もちろんそれを大きく変えることができるのです。

人間関係という領域に生じる問題の多くは、**無意識**の中に潜む感情と思考が原因です。省みられたこともないこれらの感情や思考は、独自の子どもっぽい誤った論理を持っています。そして、魂の中の対立を引き起こします。自分の魂の中で戦争が起きているのに、どうやって他の人と健全な関係が築けるというのでしょう？ 自己の内側にある矛盾した、互いに折り合いのつかない感情や思考は、まず初めにその存在が明らかにされなければなりません。でも、どうしたら内面的な対立があることを認識できるのでしょう？ そして、それを解決するには、何をすればいいのでしょう？

これは簡単なことではないでしょう。あなたの内面の隠された世界へ入る方法を見つけるには、誰かの手助けが必要かもしれません。意識していないものを意識できるようにならなくてはいけません。ただ、その方法はあります。いつかあなたが内面世界に足を踏み入れることができたときには、自分でも思ってもみなかった信念があるのを発見するでしょう。適切に導かれたなら、これまで無意識にあった感情を明るみに出すことができます。愛することや結婚について、あなたはありきたりなことを饒舌(じょうぜつ)に語るかもしれませんが、その言葉に隠されたほんとうの信念はどのようなものでしょう？ あなたの奥深くから、驚くような回答が出てくるかもしれません。

「愛したら、きっと自分が傷ついてしまう」

「思いを伝えたら、相手に拒絶されてしまうだろう」

「結婚とは奴隷になること」

「私が幸せになれるわけない」

これらを始めとする誤った認識――明らかに真実ではないこと――は、表面に浮かび上がらせる必要があります。なぜならば、あなたの人間関係に対する姿勢は、それらが決めているからです。その認識は磁石のように働き、それが予言することを自らの力で実現させてしまうのです。そのため、人々は同じような満たされないパターンを何度も何度も繰り返すことになります。例を挙げてみましょう。

大変魅力的で、仕事でも成功している若い女性が私のところにやって来て、悩みを打ち明けました。それによると、彼女はいつも既婚者と恋に落ちてしまい、その秘められた関係は高揚感と共に苦しみと罪悪感をもたらしました。そして最後には別れることになり、胸が張り裂ける思いをするそうです。ちょうどそのときも、まさにそんな関係にはまっていました。私はどうすればいいのか、と。

さて、このようなパターンの根底にある思い込みが直ちに明らかになるとは思わないでください。実際には、すべてが判明するまでに数か月かかりました。姿を現したのは、このようなことでした。彼女の父親はアルコール中毒で、酔うと普段とは別人のようになりました。でも彼女は父親のお気に入りだったので、父親は母親に暴力を振るうときでさえも彼女にはいつものように優しかったのです。そうしてこの小さな女の子は以下のような教訓を得ました。ただしこの教訓は、瞬く間に無意識の中に埋もれたのですが……。「男には善人と悪人の二つの顔がある。でも私は悪人の顔はいらない！　いい方だけが欲しい」。つまり彼女は男の半分だけが欲しかったのです。残りの半分は、つまり、悪い方は彼の妻にあげて！

彼女はこのことを、夢について話し合っている最中に突然思い当たり、語り始めました。ご想像の通り、彼女と私は呆然として、言葉もなくお互いを見ていました。このことがあってから間もなく、彼女は当時つき合っていた既婚者に別れを告げることができ、一年も経たないうちにこれまでとは違うタイプ、つまり未婚の男性を好きになりました。彼女はもはや自分の間違った認識の奴隷ではなくなったのです。「悪人」の顔さえも含めた全体の男性を受け入れられるようになりました。これは二十年前のできごとですが、二人の結婚生活は今でも続いています。

このような実例を挙げるのは、自分自身が抱いている誤った認識を掘り起こすことが大変に役立つと私が言う理由を理解していただきたいからです。その認識が表面化したときは、それまでの自己破滅的なパターンを断ち切るチャンスです。

パスワークでは、相手側の協力がある人にもない人にも、また相手がいる人にもいない人にも、どうすれば自分自身を発見できるか、そしてどのようなワークをすれば変われるかについて非常に具体的に指導します。つまり、**現在自分のいる場所からどうしたら望む場所に行くことができるかを教えてくれるのです。**これはうわべだけで済む作業ではなく、ちゃんと目を開けて、感傷に陥ることなく、自分自身に正直に向き合おうとする意思が要求されます。真摯にこれに取り組めば、心理的、霊的な成長、信頼、喜びなどの多大な報酬を得ることができます。その結果、関わり、自分をさらけ出し、与え合う準備があなたと同じくらいできている相手との関係を築けるようになるのです。

これまであなたは、相手を優先して無条件の愛を与えよう、忍耐強くなろう、威圧しないようにしよう、穏やかで親切になろうとして、できる限りの誠意をもって努めてきたかもしれません。しかし、このような気高い覚悟も、解消されないまま幾重にも積み重なった対立の層の上に押しつけたのでは、すぐに挫折してしまいます。その層には相手との対立ばかりでなく、あなた自身の魂の中の対立も存在します。とても太刀打ちできません。つまり、**あなたが変容しなければ、その限界を突破することは不可能なのです。**

だからこそ、あなたが人との接し方を変えたい、自分に相応しい人に出会いたい、あるいはただ純粋に人間関係を改善したいと思うのなら、問題の**根っこ**を探し出す必要があるのです。ローワーセルフを含めた今のあるがままの自分を認識して受け入れたとき、あなたは確かな土台に立つことができます。

本書は、宇宙における男性性エネルギーと女性性エネルギーの本質に関する驚くような洞察と共に、人間関係という、私たちの二元的存在の独特な側面に関する霊的意義について書かれています。読者は自分の内なるジャングルに安全に足を踏み入れることができます。なぜならば、からみ合ったいばらや茂みを進むときには、あなたは自分の中にあるハイアーセルフへと導かれ、しかもそのハイアーセルフからは、すべての疑問に対するあなた自身の答えが苦もなく極めて自然に現れるからです。充実した素晴らしい人間関係を築くのは、自分の力であることを知るでしょう。

本書を読む際には、叡智の声に耳を傾けてください。心を開くだけでなく、自己のすべてで受け入れましょう。今まで出会ったことのない大きな愛と深い叡智を持つ存在があなたと共にいることを想像してください。各章の初めと終わりの祝福の言葉は、神聖なエネルギーを放つでしょう。あなたの魂に染み渡らせてください。

二〇〇二年　ニューヨークにて　　ジュディス・サリー

第1部

宇宙の原理と心理的概念

「そして二人は一体となり……」。結婚式でよく聞かれるこの言葉には、二人の人間がこれから暮らしを共にすることをはるかに超えた深い意味が込められています。これは宇宙的な宣言なのです。「二人」という言葉が示す二元性は、地球に存在する私たちの基本的な状態です。一方の「一体」は統合的な状態で、私たちはそこから自らを分離させた上で、再び戻ることを切望しています。

二元的な状態というのは、一体性、つまり天国から引き離されていることですから、苦痛を伴います。ですから私たちは、失われた至福の状態に戻ることを切望するのです。分離が生じ、いい関係が持てず、愛の流れがせき止められている原因は私たち自身の中にあります。それを変えることがこの人間関係のためのパスワークの目標です。

霊的な道はどれも、自己疎外から自己発見に至り、ひいては神を見出すための方法を教えています。本書で述べることは古くからの深遠な伝統を受け継いでいるものの、人間心理についての鋭い洞察を含んでいる点では現代的です。統一性とは、すべてが含まれていることです。したがって、男性および女性の肉体として顕在化した男性性および女性性エネルギーという、地球的な二元性の根底にある神聖な原理も含まれているのです。本書の第一部ではこの宇宙の原理について述べ、その原理が男女の関係の霊的な意味と心理にどのように関係するかを説明します。

このような広い視点から見ると、私たちが愛する人を見つけ、その愛が輝きを失わないように、そしてさらに深まるように悪戦苦闘することには、新たな深みと重みが加わります。その努力には、分離状態を放棄することに対する恐れを克服して豊かさと幸福感を向上させるだけではなく、私たちが偉大な宇宙の活動における共同創造者として、宇宙のさらなる進化に携わるという面もあるのです。相手と愛で深く結ばれたいという願いが抵抗しがたいほど強烈なのは、それが宇宙的にも大きな意義のあることだからです。このように、私たちの個人的で現世的な暮らしと、私たちを包含するより大きな現実とは相関しているのです。

宇宙における男性性および女性性の原理の機能を知れば、相手と愛で深く結ばれたいというあなたの個人的な願いはどれほど意義あることかが腑に落ちるでしょう。この想像力という乗りものに乗り込み、新しい宇宙へ旅立ちましょう。そうして新しい洞察と希望を手に、帰還しましょう。

ジュディス・サリー

第1章　関係性

こんにちは、私の大切な友人たち。ようこそ。あなたに祝福がありますように。

「人生とは何か」。多くの人はそう問います。人生とは関係性です。これ以外の答えもあり得るでしょうし、たぶんそのどれもが真実でしょう。しかし、何と言っても人生とは関係性なのです。もしどのような人とも、どのようなものとも関係していないなら、その人は生きていません。どのような人生なのか、つまりどのような関係を持っているかは、その人の考え方や姿勢によって異なります。あなたはポジティブに関わっているかもしれませんし、ネガティブに関わっているかもしれません。しかし関わりを持つとき、あなたは生きています。だからこそ、**ネガティブに関わる人の方が、ほとんど関わらない人よりも活発なのです。**もし、それが相手を傷つけるような破壊性を含んだ関係ならば、その破壊性を解決せざるを得ない状況を最終的には迎えることになります。しかし一方で、たいていは平静な振りをしながら、ことなかれ主義を通す人々がいます。その場合、問題の解決はいっそう遠いものになるでしょう。

どのような精神的苦悩も、いい関係を築くことを妨害します。関係をどれだけ実り多いものにできるかは、どれだけ魂が健康で自由であるかにかかっています。しかし、まず最初に、人と関わるとはどういうことかをもっと深く理解する必要があります。

進化の計画

覚えていて欲しいのですが、**進化の全体的計画の目的とは一体化すること、つまり個別の意識が集まって一つになることです。**というのも、それしか分離した状態を終わらせる方法がないからです。抽象的観念との一体化、または漠然とした神との一体化、あるいは脳内プロセスにおける一体化は、真の一体化ではありません。一人の個人が別の個人と実際に接触してこそ、ほんとうに内面的に結ばれ、一体となるために欠かせない条件が、その人格全体の中に整うのです。ですから、引き寄せる力は途方もなく強いものとして現れ、人々は互いに惹かれ合い、別々でいることに苦しみと空しさを感じます。そしてそれゆえに、生のエネルギーには惹かれ合う作用だけでなく、絶大な喜びも充満しているのです。**生と喜びは一つのものです。**生、喜び、他者との触れ合い、他者との一体化は、宇宙の計画が目指しているものなのです。

すべてのものごと、すべての人との関係

「関係」という言葉を聞くと、人間同士の関係だけを思い浮かべることが多いのではないでしょうか。

ところが実際には、無生物とされる物体、概念や観念など、さまざまなものとの関係も存在しており、あなたは生活環境、この世界、あなた自身、あなたの思考や態度とも関わっています。相手に関わり、理解しようとすればするほどいらだちは減り、一方で充足感が増していきます。

あなたが関係し得るものは実にさまざまです。まず、鉱物という、地球でも極めて低次元の形態から始めてみましょう。鉱物には意識がないので、あなたは鉱物があなたと関係を持つなどとは思わないでしょう。でも、それは違います。鉱物は生きているので、ちゃんとあなたと関われるのですが、関わる度合いが生のレベルに応じて限定されるのです。より正確に言えば、鉱物はそれ以上の関係を持てない**からこそ**鉱物なのです。鉱物は他の存在に知覚されたり、使われたりすることで関係を持ちます。その関わり方は完全に受動的です。動物について言えば、関わる能力は鉱物よりもはるかに活発で、他の動物や自然、人間に対して積極的に反応します。

関係性の能力は意識レベルに対応する

関わる能力は人によって異なります。その差は、あなたが漠然と考えているよりもはるかに大きいものです。では、その中でも最も低いレベルから始めましょう。そのような低いレベルにいるのは、おそらくどこかに監禁しておかねばならないほど狂っている人々や、または狂っているも同然の犯罪者たちでしょう。どちらも完全に閉じこもり、内面的にも外面的にも孤独に生きています。他の人々との関係を築くことはほとんどできません。でも、その人たちも生きているのですから、何らかの関わりは持ち続けているはずです。彼らは生の他の側面、つまりものや環境に対し、極めてネガティブな態度にせよ関わっていますし、食べものや特定の身体機能、そしてたぶん何らかの観念や芸術、自然にも関わっていることでしょう。生きることや人間についてこのような観点から考えてみることは、非常に有益です。あなたは自分の人生ばかりでなく、多くのことを理解できるようになるでしょう。

　さて、それでは対照的な、人間の最も高次の形態について説明しましょう。そのような人は素晴らしい態度で人と関わり、深く巻き込まれ、しかもそれを恐れません。自分を守るために感じていることをごまかしたりしません。それゆえ、彼らは愛するのです。**愛することを自分自身に許します。つまるところ、愛する能力があれば、必ず自ら進んで愛そうとするのです。**このような人は、人々を全般的に漠然と愛するだけでなく、個人に対し具体的に、リスクを恐れず愛します。彼らは必ずしも聖人のようではなく、完璧に近いわけでもありません。欠点もあります。ときには間違ったことをしますし、ネガティブな感情も持ちます。しかし全体的に見れば、愛し、関わり、巻き込まれることを恐れていません。彼らは、自分自身の防衛を解いたのです。そうしてときにはがっかりしたり、挫折したりすることはあっても、豊かで充実した意義ある人生を送っています。

　では、平均的な人はどういう人生を送っているのでしょう。その人生にはさまざまな状況が混在しています。生活の特定の分野では比較的自由に親しく関わりますが、それ以外ではひどく行き詰まっています。自分自身について深く洞察できれば、自分の実際の人間関係に気づくことができます。表面的には良好な関係に見えても、深みや内面的意義を欠いている場合、「ほら、私はたくさんのいい友達に囲まれているでしょう！　私の人間関係には何の問題もありません。でも私は不幸で、寂しくて、満たされていないのです」などと言って自分自身を簡単にだましてしまいます。もしあなたもそうならば、あなたの人間関係がうまくいっているとか、自分から進んで人と関わろうとしているなどというのは、本心であるはずがありません。あなたの人間関係がほんものなら、寂しく不幸せでいることはあり得ないのです。

一方で、人との関わりが表面的な機能を果たすだけのものである場合には、たぶんその関係は楽しくて気晴らしにはなっても、どこか浅いものでしょう。あなたはほんとうの自己を決して明かさず、それゆえ満たされることがありません。そのような姿勢でいることで、あなたは相手にもあなたに関わらないようにさせ、相手が求めているものを与えようともしません。その人がそれに気づいているかどうかは別として……。あなたがそうするのは、内面のさまざまな対立を友人に感づかれ、自分がさらけ出されるのを無意識に恐れているからです。こうした問題を自ら進んで解決しようとしない限り、意義ある人間関係を築くことはできません。それゆえ、あなたは満たされていないはずです。

平均的な人々はある程度関わったり巻き込まれたりすることができますし、ある程度は進んでそうしていますが、十分ではありません。相手とのやり取りで波風を体験しますが、表面的なレベルにとどまっています。無意識の流れは関わる人々に影響を与えるので、その表面的な関係が親しい間柄である場合は、遅かれ早かれもめごとが起きるでしょう。親しくなりようもない間柄ならば何ごとも起きないかもしれませんが、そこにほんものの絆があると自分に嘘をつくことはできません。破壊的傾向が無意識に存在する場合には、その破壊性にきちんと向き合って理解しない限り、消えることはありません。向き合ったことでその関係が損なわれてしまうことはないでしょう。なぜならばその結果、より深いレベルのコミュニケーションが起こり、互いに交流することが可能になるからです。

意義ある深い人間関係を構築するのに何が必要なのかを、多くの人は明確には知りません。互いの考えを伝え合えればいいのでしょうか？　それとも性の喜びを与え合えればいいのでしょうか？　確かにどちらも必要なのかもしれませんが、それができればコミュニケーションがひときわ深まるとは限りません。ほんとうの基準はただ一つで、それはあなたにどれだけ偽りがないか、どれだけ開放的で無防備か、つまりあなたがどれだけ進んで感情を受けとめ、あなた自身およびあなたにとってほんとうに重要なことに向き合い、それらをさらけ出そうとするかです。あなたのほんとうの悲しみ、求めるもの、心配ごと、あこがれ、願いについて話すことのできる知り合いは何人いますか？　いたとしても、ごくわずかではありませんか？　これらの感情に気づくことを自分自身に許せば許すほど、より多くの友人と感情を共有し、その友人の生き方を心の底から理解できるようになるでしょう。

自分自身から逃げていれば、自分でも認めたくないことを他の人に話す気になれるでしょうか？　そうしてあなたは充足感もなく孤独に生きることになります。ですから私たちは、この自己変容のためのワークに大きな関心を寄せて、皆さんに皆さん自身の真実を受けとめてもらおうとしているのです。そうなって初めて、あなたの人間関係は偽ものからほんものへと変わり、充実した人生を送れるようになります。あなたの人生の他の側面、たとえば芸術、自然、観念などとの関わり方さえも大きく変化し、いきいきとしたものになるでしょう。おそらくそれまでは、それらはあなたにとって嫌な感情を紛らわすものでしかないでしょう。

心からの関わりとコミュニケーションは、誰に対しても子どものように衝動的に何もかも話すことと混同されてしまうことがあります。愚かしいほど素直になったり、軽々しく事実を暴露したり、残酷なほど「正直」になったりすることが開放的かつ積極的に人と関わっている証だと誤解して、誰にでも見境なく感情を吐露して、自分自身を窮地に陥らせてしまうことがあるかもしれません。実際には、これは密かに、しかもより巧妙に行われる引きこもりなのです。それにより、あなたは関わろうとしても何の得もないことを「証明」してしまうかもしれません。

自己をほんとうに理解し、その結果自分自身が建てた監獄から解放されれば、あなたは無理をして思考や感情を表したり、人と関わったりしなくなるでしょう。そしてあなたにふさわしい人々、適切な時と場所、そして適切な方法を直感的に選ぶでしょう。ときには判断を誤ることがあっても、決して打ちのめされたり元のように閉じこもることはありません。しかし、自然な成長と自由は徐々に達成されるものであり、しかもそれはあなたが自己を知る道の探求を始めなければ起こらないのです。

しばしば精神科医は、人と関わる能力や人間関係の深さ、意義深さによって診断を下します。深刻な悩みを抱えている人は、あまり悩んでいるように見えない人よりも助けを得やすい場合があることがわかっています。この理由は、悩みがなさそうな人は自分をごまかして特に問題がないふりをし、自分の内面の真実から目をそらすことができるからです。ひどく悩んでいる人はこのような戦略を使うことができません。そのため、内面で起きることに正直に真っ向から向き合う決断をするしかない状態まで追い込まれるのです。それでも中には、衰弱が激しいためにその時点では自己を直視できない人もいます。しかしその人たちも、神経症的症状が軽いために自己の直視から逃げ続けている人々に比べれば、決断のときの近くにいます。ただし、そこに到達するのは次の人生になるかもしれませんが……。

皆さんの多くは関わるとはどういうことか、愛するとはどういうことかを明確には知りません。関心があるのは、ほとんど自分自身のことです。他の人と積極的に交流しても、自然でのびのびと行うのではなく、わざとらしく義務的です。しかしこの道を根気強く進めば、人に対して自然な興味と思いやりが持てるようになるでしょう。自分が人間であること、そして自分の弱さをさらけ出すには手伝ってくれる人が必要なことを認められないならば、ほんとうの人間関係を築くことはできません。そうしてあなたの人生は、少なくとも重要な領域に関しては空しいままでしょう。

では、質問を受けつけましょう。

質問者：関係が変化したり、たくさんの人と交流したいと思うようになったら、それは人との関わり方が健全になったしるしでしょうか？ 次から次へと相手を変え、いろいろなタイプの人とつき合おうとするのはどうなのでしょう？

これも「はい」か「いいえ」では答えられない種類の質問です。人間関係の変化も異なるタイプの人を求めることも、動機が健全な場合とそうでない場合とがあります。また、しばしばその両方が共存しています。ものごとを単純化し過ぎないように気をつけなくてはいけません。関係が悪い方に変化したとしても、それが必ずしも以前の状態への逆戻りや停滞を示しているわけではありません。不健全な服従や愛情飢餓などの、不公平で神経症的な隷属関係に対する反発で、やむを得ない一過性のものの場合もあります。互いが持つさまざまな歪みによって束縛し合う二人が健全な関係になるには、そのような外面的または内面的な嵐が一時的にやって来て、バランスを取ろうとするかもしれません。激しい雷雨や地震が自然界のバランスを取るのと同じ働きです。

二人の関係をおしなべて自由で健全なものにできるかどうかは、その二人次第です。外面的には和やかでいざこざがなさそうに見えるからといって、それが必ずしも本質的に健全で意義のある関係だとは限りません。二人の絆と、その絆の重要性を詳しく調べなければわかることではありません。一般論では語れないのです。パートナーシップであれ、愛、友情であれ、どのような結びつきあろうと、それによって二人が共に成長するには、さまざまな局面を乗り越えていく必要があります。相手のことだけでなく、自分自身について徹底的に洞察する意気込みを持てば、その関係はよりしっかりと根づいた実り多いものになるでしょう。

異なるタイプの人々との関係を求めることについて

異なるタイプの人を求めることについても、そのほんとうの動機はどのようなものかによります。主に恐れや貪欲さ、支配欲から強迫的にさまざまな相手を求めたり、誰か一人と本音で関わることができずに、その欠乏感を埋めるためにうわべだけの関係をたくさん持とうとしていたり、より深い関係を持つ数少ない人々に依存してしまわないように、またはその人に見捨てられてもダメージを受けないように、常に他の人々との交友を求める場合は、もちろんその状態は不健全だということです。しかし、いろいろな人との交友を楽しむために自由な精神で多様さを求めていて、しかも一つの関係をそれ以外の関係のために利用するのでなければ、それは健全です。それでも多くの場合は、この二種類の動機が混在しています。前者のような動機であっても、それまでの引きこもり状態から抜け出るためには一時的に必要な場合もあります。その場合、さまざまな人との交流は健全さへ向かって一歩踏み出したことになります。一見ネガティブなできごとでも、いい方向へ向かうための局面である場合が多いのです。

支配

質問者：互いに理解し合いたいという気持ちはある一方で、常に相手を支配しようとしている場合、ほんとうの愛という要素はどこに入り込む余地があるのでしょう？　愛はそうした支配をなくしますか？

相手を支配しようとするのは無意識的な防衛なのですが、支配したいという思いが強ければ強いほど、ほんとうの愛が入り込む余地はなくなります。この二つの要素は相容れないものです。よく考えればわかることですが、本来は不必要なこの支配は、自己中心的な恐れや、あるがままに感じたり存在したりすることに対する過度な警戒心のために行われることです。支配は愛を妨害します。それでもほんとうの愛はある程度存在するかもしれません。

このような歪みよりも愛の方が大きければ、愛が歪みを圧倒するので、さほど悩まずにすむでしょう。関係の中の問題ある部分は、理解することでしか消せません。それが消えたとき、愛が開花できるのです。闇と混乱があり、現実を直視することを避けているなら、愛は存在できません。愛してさえいれば、すべてのネガティブな傾向や歪み、対立や恐れ、無意識的な防衛や支配がなくなるわけではありません。それほど簡単なことではないのです。

あなたにどれだけ人と関わる能力があるかを測るのは、実は簡単です。その気になって調べさえすれば、日ごろの人との交流に多くのことが示されています。人間関係に問題のある場合、関わる双方に無意識的な歪みがあります。一方が他方を責めるということが交互に行われたり、自己非難に浸ったりします。誰か一人が悪くてそれ以外の人は悪くないという状況はあり得ないこと、つまり人間関係に生じる問題は関係者全員に責任があることを認識するまでには、ある程度の時間と理解力が必要です。これがわかると、とても自由になれます。なぜならば、単にそれが真実だからです。真実はあなたを罪悪感から解放し、非難したり、責めたり、裁いたりする必要はないことを教えてくれます。

質問者：あまり親しくない人との関係の方がずっと楽なこともあるのではないでしょうか？　非難されることも少ないですし……。

それは当然なことです。ただ、それはそれが本格的な人間関係ではなく、うわべだけの関係である証拠です。本格的ならば深く関わらざるを得ませんし、ネガティブな側面や傾向をただ眺めているわけにはいきません。深く関わるとは、自分の全存在を危険にさらすことです。深く関われば、必ず軋轢が生まれます。なぜならば、両者にはまだ認知されていない未解決の問題がたくさんあるからです。そのため、建設的な姿勢で臨めば、その一つ一つの軋轢が成長の足掛かりになり得るのです。だからといって、すべての関係がそのように深くあるべきだと言っているわけではありません。それは非現実的で不可能なことです。しかし、もしあなたが人生をいきいきとした実り多いものに感じたいならば、他の関係とは全く違う深い関係をいくつか持つ必要があります。

無意識に抱く期待の危険性

もう少し踏み込んだ話になりますが、無意識に抱いている期待や主張、要求が関係を大きく損なわせることにも触れておきましょう。それは必ずしもすべての期待が「悪いもの」であるからではなく、無意識の中でくすぶる期待は、相手側の要求と相容れない場合、両者に緊張状態を引き起こすからです。もちろん、要求の中には正当性と合理性をひどく欠くものがあり、しかもそれに気づくには、それが目に見えるところまで表面化しなければなりません。一方で正当な期待でさえも、それに気づいていない場合には問題を引き起こすことになります。

さて、最後に、これまで話したことを聞いたり読んだりしてくださったすべての方々、そして今回このワークに参加した方々、以前から参加している方々、これから参加する方々に、心からの感謝を述べたいと思います。皆さまに私の愛と真心を送りながらこの場を去りましょう。自己に気づくことへの抵抗があなたの中にあることを深く認識すればするほど、必ず多くの救いの手が差し伸べられることを保証します。あなたは自身の正当性を保つために内面の事実と現実から遠ざかり、成長が妨げられて意義ある人生を送れずにいることを、進んで自覚してください。人生は安全だと、あなたが気づきますように。生きることは途切れのない流れで、あなたの限りある視野から見たときにのみ、恐れるべきものに見えるのです。あなたが自分自身に取りつけた目隠しを一つひとつ外していけば、ここで話された言葉が真実だったことをより実感できるようになるでしょう。祝福がありますように。神の内にありますように。

1章のまとめのエクササイズ

「人生とは関係性です。もしどのような人とも、どのようなものとも関係していないなら、その人は生きていません」

「相手に関わり、理解しようとすればするほどいらだちは減り、一方で充足感が増していきます」

ガイド（エヴァ・ピエラコスを通して語った存在）は、他者と誠実に関わるとはどういうことだと説いているでしょうか？　それは、「相手に深く関与し、体験したり感じたりしたことを保身のために隠そうとせず、防衛せずに自分をさらけ出すという危険を冒し、最終的には相手を愛することです」とガイドは言います。

次の表に記入してください。
各項目について、あなたがどれだけ充足しているかを各下欄に線で示してください。

	充足感あり　　　　　　　　充足感なし
自己	
身体	
パートナー	
家族	
友人	
仕事	
家庭	
自然	
動物	
考え	
芸術／音楽	

線はどれくらい長いですか？　どの項目で充足感が不足し、どの項目で比較的充足しているでしょう？

充足感がないのは、あなたが向き合おうとせず、恐れて、思い違いをしていることを示しています。

この表を参考にして、これからの内面のワークに役立ててください。

ブライアン・オドネル

第2章　創造のプロセスにおける男性性原理と女性性原理

こんにちは、私の友人たち。愛と祝福があなた方に送られています。それはあなたの存在の極めて深いところまで届き、あなたはそれを受け入れるでしょう。どうぞあなたの中に迎え入れてください。

今日は、宇宙的な創造の力について詳しくお話ししたいと思います。人間なら誰もがこの力を持ち、発現させています。もともと備わっているこの力を取り戻すという意味は、あなたの存在の最も奥深くにおいてあなたそのものである力、しかもあなたから放たれるその創造の力を、意図的かつ意識的に、目的をもって使うようになるということです。あなたはその力で自分の暮らす環境を常に創造し続けていますが、あなたはそれを意識せず、知りもせずに行っています。あなたが考えたり感じたりすることや、信じたり思い描いたりすること、密かに望んだり恐れたりしていることが創造の中身を具体的に決め、その力を動かしています。

自分の運命を意図的、意識的に創造するのと、知らず知らずのうちに創造するのとでは、はかり知れないほどの違いがあります。無意識に創造していれば、ある種の経験を漠然と運命のようなものだと思い込むでしょう。あなたがどうあるか、何を感じているか、何を望んでいるか、今の瞬間に何を信じているか、あるいは自分の思考や感情をどう扱うかなどのことは、あなたの経験することにほとんど、あるいはまったく影響しないように思えるでしょう。ところが自己を理解した人々は、それらがまさに自分の人生を創造することを知っています。

邪魔が入ったり、不幸だったりするのは不運のせいではなく自分自身が仕掛けていたこと、そして密かに抱いている感じ方、考え方が望まない事態を招いていたことに気づくのは、実に感動的な瞬間です。ひとたび原因と結果を結びつけることができれば、自分の運命が外部からの不可解で意地悪な力に支配されているとは信じなくなります。その瞬間から、その人はなす術を知らない無力な人ではなくなります。実際に、人間というものは自分の外からのいかなる力やエネルギーに対しても無力であったことはなく、単に自分自身の内面的プロセスを認識して変えるようになるまでは、それに対して無力なのです。

これがこの道の目指すところです。ネガティブなできごとの根本原因をあなたの内側に発見すれば、あなたはそれを変容させることができるようになります。意識して好ましい運命を創造するには、宇宙の創造のエネルギーをよく理解し、個人としてそれをどのように扱えるかをよく理解することがとても重要です。

二つの基本的原理の働き

創造のプロセスは、二つの基本的な原理を通して働きます。一つは「活性化」、もう一つは、自分は脇へ退いて創造プロセスの進行を邪魔せずに見守る、「待つ姿勢」です。この二つの原理がこの宇宙全体に行き渡り、あなたの人生のありとあらゆるものに顕在化します。好ましかろうがなかろうが、重要であろうがなかろうが、ほんの些細な日常のできごとから宇宙の創造まで、起きることはすべてこの原理に従っています。明るく前向きで、有意義で、楽しく心地いいものが創造されるとき、二つの原理は協調的に働き、互いを補い合うでしょう。

一方で、破壊的で苦しみをもたらし、無益で不愉快なものが創造されたなら、その二つの原理は働いたものの、それらは歪められ、誤解されてしまったのです。そのような場合、二つの原理は補い合わず、互いを妨害してしまいます。その二つの側面は統合された一つの完全体にはなれず、二元的な観点により互いに排除し合い、対立し否定し合うことになります。二元性を構成する両者が調和しているならば、見かけ上対立しているエネルギーは、一つの達成すべき目標に向かって協力し合うはずです。二元性と統一性との対立はあらゆる創造に見られます。ある存在体がその中心から外れて無知と過ちの中にいれば、必ず二元性が現れます。地球という領域全体、すなわち人類の意識は二元的な状態にあるので、認知可能な創造機能はすべて真っ二つに分裂しています。創造のプロセスもまた、人間意識の二元的な状態に影響されるのです。

活性化と待つ姿勢という、創造の二つの基本的な原理は、これまでに創造されたすべてのものの中にある宇宙的な法則です。しかしこれは、重力のような機械的な法則ではありません。人間の行動とは関係のない物理法則さえも含めて、あらゆる法則は、意識から、意識を使って、意識によって創造されたもので、しかもそれはこの二つの原理の協調的な働きによるものです。直接的な創造には特有の法則がありますが、それもすべて意識の表現です。なぜならば、創造されるものはすべて意識の結果に他ならないからです。それが個人の頭脳に由来する意識であろうが人格に由来する意識であろうが、あるいはすべての命に浸透する大きな宇宙的魂の意識であろうが、違いはありません。原理は同じです。あなたの意識的な考え方や感じ方には、あなたが活性化を実行しているか否か、待つ姿勢を実行しているか否かが表れています。これらの二つの原理とその役割は、じっくり考察してみる必要があります。

男性性原理

活性化とは、意識ある存在体（訳注：原語は「entity」で、本書では人間のことを示す）が意図的に求め、始動し、それに向かって進み、引き起こし、確定させること、また目的のためにこれらのエネルギーを動かして利用し、あり得る障害をことごとく取り除くことです。何かを目指して尽力することは、創造のエネルギーを動かすためには不可欠な要素です。これは積極的な行為であって、創造における男性性原理と呼ぶことができるでしょう。

一方の待つ姿勢とは、受容的で、期待しつつじっとしていることです。何かが行われているならば、それは活動していることなので、これも一つの活動です。しかし、この活動は、活性化原理とは性質が大きく異なります。活性化原理は別の状態へ向かって外へと活動しますが、待つ姿勢は内なる活動です。自分の意志が関与しない、心臓が脈打つような活動です。それに対して活性化の活動は意図的であり、自己決定的です。このようなことを言葉で伝えるには限界があるので、内なる耳を傾け、想像力とあなたの内奥にある能力を使わなければ、今私が話していることを理解するのは難しいでしょう。

女性性原理

待つ姿勢の背景となる意識は、忍耐強く信じて待ち、自分は脇へ退いて熟成のプロセスが実を結ぶのを見守り、動き始めたエネルギーにすべてを任せます。これは創造における女性性原理と呼べるでしょう。繰り返しますが、男性性原理と女性性原理は、何かが達成されたり創造されたりする際に必ず存在する働きです。自己決定による自由意思に基づいた行為は、自信と自らの聖なる本質の認識が表現されたものです。これに対して創造のエネルギーにつき従ってすべてを任せることは、命、そして存在すること自体への深い信頼の表現です。まさにその信頼する力が活性化さえすれば、微動たりともする必要はないのです。この宇宙を始めほんの小さな日常まで、良好に機能しているものごとはどれもこれも、命と意識が持つこの二つの側面を共に備えています。二つの原理が共に働かなければ、何も創造されません。**これらの原理が本来の機能を果たさない限り、男女の結びつきが充足感をもたらすことはありません。**このようなことが正しく行われ、自己と命への信頼により二つの側面が現れれば、それに応じて喜びは絶大なものとなります。

男性と女性は共に二つの原理を体現しています。ただその配置や重点、度合、比率、相互関係が異なっているだけです。健全でバランスのとれた男性が活性化原理のみを体現することはありませんし、健全でバランスのとれた女性が待つ姿勢の原理だけを体現することはありません。男性も女性も共に二つの原理を発現しますが、重点の置き方には違いがあり、二つの創造原理が顕在化したり使われたりする領域も異なります。

もしあなたがこのようなことについて考察し始め、二つの原理の働きを頭に入れながらほんの少し違った目で世の中を見るようになったら、世界で生じる事象についてはもちろん、創造自体についての理解も深まるでしょう。事業にしても、あなたと誰かとの関係にしても、あなたの運命にしても、あるいは宇宙にしても、何かを創造できるかどうかは、あなたが男性性原理と女性性原理をどれだけ理解し、調和的に使えるか、さらにはこれらの原理にどれほど自覚的であり、それらがあなた自身から展開するのをどれだけ干渉せずに見守ることができるかにかかっています。これらの創造の原理が歪められ、間違って使われた場合、混乱と不調和が創造されてしまいます。その結果もたらされるのは破壊です。

歪められた男性的および女性的創造エネルギー

ある男性が無意識の中に多くの敵意や怨念、怒りを抱えているならば、彼は完全に男性として生き、目的を持って意図的に創造のエネルギーを活性化したくても、踏み出せないでしょう。なぜならば、そのような状態では、活性化の原理はそれらの破壊的な衝動を発現してしまう恐れがあるからです。この世界には、十分に成長していないために、これらの破壊的な衝動を発現することに罪の意識を感じない男性、そしてもちろん女性が大勢います。彼らは男性性原理を活性化することが極めて暴力的でネガティブな行動につながっても、気にとめません。成長が進み、暴力と破壊性の発現への願望を持たなくなったときに、初めて自分自身の能動的な原理の恐ろしさに気づき、それを抑えるようになるのです。ですから十分に男性として、または女性として生きるには、まず初めに自分のネガティブな感情や欲求と和解することが必要なのです。あなたがこれらの感情に正面からじっくりと向き合ったとき、その感情は力を失います。でもあなたがその感情の存在に気づかなければ、その感情はあなたを支配し、あなたは自分が何をしているのか、なぜそうするのかさえわからないままに突き動かされるでしょう。そのような状態では、あなたは能動的な原理を発動させたり、ネガティブな種を蒔いたりすることを恐れて、その感情を合理化したり、破壊性を自分自身に振り向けたりするでしょう。

このように、進化の途中のある段階では、ほとんどの活性化の根底にはネガティブな心情があるため、人々は活性化原理の使用を控えてしまいます。多くの人が麻痺したように不活発で停滞しているのは、このためです。一時的ではありますが、人々はこの創造原理の誤使用を避けるために自分自身を抑えることになるでしょう。そのため、自身の破壊的性質に関する問題が解決するまでは、健全な活性化や自己主張、自立性が抑制され続けます。創造の活性化原理を歪んだ形で発現しないように活性化エネルギーを弱めざるを得ないこの地球次元に、人々は何回も現れなければならないでしょう。

あなた方の誰しもが、自分の中に隠れている残酷さ、残忍さ、サディズム、復讐心、悪意との接点を持つ必要があります。それらを見つめ、理解し、受容することで、その破壊的な感情をこえて大きく成長しなければなりません。そのとき初めて、あなたは破壊性が不必要なものであることを心底納得できるようになります。破壊性に真正面から向き合わない限り、そのように納得できるものではありません。それまでのあなたが自分を抑える理由は、主に行動に移すことが招く報復やその他の事態を恐れるからです。あなたの中にある、人を傷つける感情や欲望をじっくり見つめて受け入れる勇気と素直さを持ち、それらを完全に理解し評価したとき、あなたは初めてそれらが防衛としては過剰であり、しかも何も得るものはないことを一点の疑いもなく理解するので、それらの感情が過去のものとなり、自分自身の中で自動的に起きる反応を警戒する必要もなくなったとき、あなたは自由になり、あなたの中にある宇宙の最も偉大な力を活性化できるようになるでしょう。もうこの力を恐れることはないでしょう。なぜならば、その力は汚染されておらず、悪用されたり、歪められたりすることもないからです。ですから、あなたは生まれながらに持つ権利を主張することができます。あなた自身の持つ創造のエネルギーを現すことができるのです。

破壊的な歪みがすっかり洗い落とされて、内なる力を安全に使えるようになった人でも、かつての習慣的な抑制パターンがあまりにも強固なために、人格が活性化原理を使うことを不必要に差し控え、その力を使っても安全であることに気づかないままでいることがよくあります。破壊性は存在し続けていますが、もはや危険なものではありません。なぜならば、それは十分に意識されているからです。その人は破壊性が支配したり、ネガティブな行動を取らせたりすることをあまりにも警戒しているのです。残存する攻撃性を扱うことのできる力は、自身の中にある大いなる宇宙のエネルギーを使うことにも利用できる力なのですが、その人はそのことを知りません。しかし今では、まるで神のように、活性化の力を使って自身の選んだ状況を創造することができるのです。

ですから、創造活動の持つネガティブな要素を正しく恐れ、それゆえ自分の中でそれを適切に弱める場合と、ただ単にその力が秘めているポジティブな側面を知らないために弱めてしまう場合とを区別する必要があります。後者の場合は、ひどく長い眠りの後でようやく目覚めたものの、自分の能力の偉大さにも、どこまでそれが展開できるかにも、まったく気づいていないようなものです。

男性性原理は積極的で、結果を得るための行動へと導きます。駆動させ推進するエネルギーが働いた後には、活発に形成し、影響し、引き起こし、確定させるという活動が続きます。破壊的なエネルギーはもう必要ではないこと、だからもう恐れなくていいことに十分気づいた人格は、自分には創造する能力があることもわかってきます。このときになって、人は自分の中にある力を発見し、自分の心でそれを活性化できることに気づくのです。

これに対して女性性原理は受容的で、自分が脇へ退くことで活性化エネルギーが結果を生むために然るべき働きをするよう促します。ところが存在体が自分の責任を拒んだ場合、その原理は歪まざるを得ません。自己活性化を退け、活性化されるはずの内面的な力にすべてをゆだねることなく、代わりに他の人の権限にゆだねてしまうなら、創造の女性性原理の本来の役割は損なわれます。同様に、女性が自分の行動の結果に責任を持つことを恐れたり、面倒なために自立性を伴侶にゆだねてしまった場合、女性性はねじ曲げられた偽ものになってしまいます。彼女は彼を愛し、信頼しているからゆだねたのではありません。二つの創造原理を結合させた独特な顕在化によってエクスタシーを体験することが彼女の目的になっていないのです。彼女が彼にゆだねたのは生きることが怖いから、自分の人生の責任を取りたくないからです。

このような歪んだゆだね方は、自分にとっても相手にとっても利するところは何もありません。相手に寄生し、本来は自分のものである責任という重い荷物を相手に負わせるのは、人生をだまして楽をしようとすることです。ところが人生は決してだまされません。そうしてみたところで結局は生きることの恐れが増し、さらには彼女が権限を与えた男性に対する恐れも増すことになるでしょう。自分で選んだ奴隷という立場を恐れるでしょう。このようにして、女性性原理、つまり女らしさとは頼りなく受け身で劣っていること、そして、それに対し男性性原理、つまり男らしさとは暴力的で優っていることであると、しばしば誤解されるのです。

実際には、自己決定によって生きなければ、女性はほんとうの女性にはなれません。このレクチャーの観点から言えば、女性は安心して自分らしくあるべきで、そのためには自分の中にある創造原理を活性化する必要があります。なぜならば、失敗したときは自分の非を認め、失敗を受け入れて学びに役立てることができなければ、強くなり、自分に責任を持つことができないからです。そうなれたときに初めて女性は恐れずに全面的にゆだね、こだわりを捨て、ままならない内なるエネルギーに導かれることを恐れなくなるのです。

反対に男性の場合は、破壊性がなくなり、活性化原理の暴走を許さないようにならければ、ほんとうの男性にはなれません。言い換えるならば、男性性原理を存分に活性化するには、女性性原理を尊重しなければなりません。ちょうど真の女性が自分を女性性に明け渡すためには、男性性原理を活性化しなければならないように。

調和的な交流

男女がこのように交流するとき、創造の力の二つの側面が非常に明白に発現されます。男女それぞれの**内面において**その二つの側面が調和していなければ、二人がいい関係を結ぶことはできません。内面の調和がなければ、二人の**間に**調和は生まれないのです。

男性が自分の持つ破壊性に気づかなければ、それをコントロールできるはずもなく、したがって当然活性化エネルギーを恐れることになります。同様に何らかの歪んだ動機で自分を無力にしている女性は、当然すべてをゆだねることを恐れます。もし女性が本来持っている力を発揮できないなら、そのようにゆだねることは自分を弱体化させ、危険にさらす行為になるでしょう。男女はそれぞれが男性性原理と女性性原理の両方を発現しており、両者共に暴力や敵意を活性化する力を取り除かなくてはなりません。男性も女性も、自分の苦しみを外的要因のせいにしないで、自分に起きることはすべて自分に原因があることを学ぶ必要があります。

自己変容の道にしたがって自分自身を見つめると、男性も女性もまったく同じローワーセルフのパターンを見つけるでしょう。自分が不当な理由で攻撃したり、敵意を抱いたり、暴力的になったり、過剰に活動したり、いらいらしたりしていること、そしてさまざまな力が然るべき過程を経て、実を結ぶまで待てないことを発見します。それと同時に、不誠実な理由で受け身になったり、こだわりを捨てたりしていることも発見しますが、それは自己責任を回避し、怠けて、できるだけ楽に生きようとすることです。本来は自分が負うべき責任を引き受けてくれる権威ある誰かを求めるのは、責任から逃げたいからです。ですから、男女は共に同じ問題に取り組む必要があるのですが、その交流は同じレベルではなく、補完的に行われるのです。

可能な限り最も深い意味で真の男性、真の女性になれなければ、自己実現はできません。人間を悩ませる問題のほとんどが男女の関係に関わるものなのは、このためです。他のどのような問題があろうとも、少なくともそれらはあなたの男性性や女性性とは直接関係ありません。創造の男性性原理と女性性原理は、あなたの全人格で発現され、働いています。

達成の過程における二つの原理の役割

例として、仕事に関する問題について考えてみましょう。活性化原理が弱いか、あるいは欠如しているために、あなたに十分な社交性や健全な攻撃性がなかったら、つまり創造の力を活性化せず抑制していたら、あなたの仕事はうまくいくでしょうか？　または、もし創造の力を発揮できても、それが敵意に満ちていたり反社会的だったらどうでしょう？　その場合、たとえ仕事が完璧にできたとしても、当然ながら周囲の人々とはうまくやっていけないでしょう。愛の精神がなければ、仕事を通してよりよい人生を送りたいとは思わないはずです。したがって創造性は働かず、深い霊的な力が顕在化することはありません。人生を豊かなものにしたいなら、**健全な**攻撃性を発揮することに間違った罪悪感を抱かなければ、自分の行動を通して安全に自分自身を豊かにすることができます。創造の活性化は公平に働くので、あなたとあなた以外の人を分け隔てなく、あらゆる面で豊かにしてくれます。

創造の女性性原理が待つ姿勢をとるだけで自らは何もせず、活性化が実を結ぶのを待ち、始動したエネルギーを信頼するだけならば、活性化されたものはどうやって実を結ぶのでしょうか？　活性化が起きた後は、待つという受け身の姿勢が優勢にならない限り、あなた自身の直観的な力が意識にまで到達することはできません。それがなされたとき、あなたは創造的な霊感による最高の叡智に導かれます。その叡智がなければ何ごとも成就しないのです。これにも二つの側面があります。つまり、まず霊感が心によって意図的に活性化され、その後は心に干渉されることなく自由に然るべき経過をたどり、それ自体の流儀で顕在化するのです。

　これらの法則は、何かを達成しようとするときには必ず働きます。単純作業であれ、芸術家や科学者、あるいはそれ以外の人々の作業であれ、二つの原理が機能する度合は異なるものの、働く法則は同じです。単純作業は、効率を工夫することはできても基本的には機械的な作業ですが、このようなことを踏まえて行えば創造的な行為にもなり得ます。それに対して芸術家や科学者、霊的ワークなどの仕事は、この創造の法則が守られなければ、まず成功することはありません。

　ですから、男性性原理と女性性原理が本来の相互作用をせず、補完し合わなかった場合、仕事は成功しません。そのような状態では一般の人間関係やパートナーシップが破綻するのと同じことです。また、言うまでもありませんが、人間関係や仕事などでは、時期や段階によって創造の二つの側面のどちらが強くなるかは異なります。

　一方の原理が健全に機能しているなら、他方も正しく機能していることになります。一方が健全に機能しながら他方に歪みがあることはあり得ません。それゆえ、人生のある領域での自己活性化に問題がある男性は、それ以外のどこかに、こだわりを捨てて流れに任せることができない領域があるはずです。ある男性に活発さや攻撃性が不足していたなら、彼の人格全体のどこもかしこも同じ状態にあると想定するのは誤りです。彼は自分の中に活発で過剰に勇猛な領域を見出すでしょう。まさにそれは女性性原理が主導すべき領域なのです。このような歪みは、男性性活性化原理を使うべきところで使わず、その部分の活動性低下を埋め合わせようとして起こります。反対に、男性性原理を過剰に発現する男性には、過剰に受け身で歪んだ女性性原理を発現する領域があります。これらは女性にも等しく当てはまります。

各個人における二つの原理のバランス

各個人の内面における男性性原理と女性性原理の顕在化は、自己実現に至るための重要な過程です。自分でワークを行う際は、この二つの原理に特に注意するよう心掛けなければなりません。真の霊性は、あなたの存在のあらゆるレベルにおいて、あなたを最もいい意味で真の男性、真の女性に近づけます。あなたが成長すれば、必然的にそれらのレベルが調和します。どのように、どの程度バランスを欠いているかは場合によって異なるため、各個人が自己を見つめることで明らかにしなければなりません。

ほんとうに愛することができたとき、あなたの中でこれらの原理は完璧に発現されるでしょう。逆に言えば、**あなたの中にある破壊性を恐れなくなり、あなたが意図的に始動させたことを宇宙的な力は然るべき方法で完成させてくれることを信頼できたとき、あなたは創造の力を意図的に最大限に活性化させるようになります。すると自己中心的なエゴをこえた大きな力にゆだねることを恐れなくなり、その結果愛することができるようになるのです。**このような姿勢を保つことができれば、何ごとにも創造性が発揮され、創造の二つの側面が協調的に働きます。何かを差し出したら自分が減るのではないかという心配は、まったくの見当違いです。男性は、相手の女性を愛しているならば、二人の内面にある崇高な力を活性化させて互いを豊かにしようとするでしょう。彼女の彼に対する信頼は確かなものなので、彼女がすべてをゆだねるのには正当な理由があり、尊重すべきことなのです。そうすることで彼女はますます自分らしくあることができます。自分で判断しようとするエゴを捨てたのは彼女自身が望んだことであって、恐れる必要はなく、彼の活性化は二人を共に素晴らしく豊かにします。これは、偽の優越性を誇示する男性が行う活性化とは大きく異なります。そのような男性は自分が強くあるために相手をおとしめるような態度を取るので、相手の女性がゆだねることを恐れるのは正当で理にかなっています。それゆえ彼は、彼女の女性としての充足を妨害しているのです。

男性を愛している女性は彼にすべてをゆだね、彼が自身の自己活性化を使いこなせるようにします。彼女は彼がどこまでも彼らしくあるように勇気づけますが、彼の活性化と競うことはしません。なぜならば、彼の活性化はもはや脅威ではないからです。彼女の受け身の姿勢を、不自由な受動性と混同するべきではありません。そのような受動性は、健全な女性性の歪んだ形に他なりません。待つ姿勢をとり、ただ存在し、ゆだねる、という受け身の状態での魂の脈打つような活動は、相手を男らしく、強くさせる震動的エネルギーなのです。

ある時点で、今は活性化以外の機能が引き継ぐべきときだと判断し、活性化原理を抑えるために自分の意思で流れに任せることを選んだなら、その絶大な効果を知ることになるでしょう。**「成る」という活性化原理**は意図的にものごとを生じさせますが、**「在る」という原理**は、留まり続ける非自発的なものであって、間接的に影響を与えるのです。

パスワークにおいては、この二つの側面を併用する必要があります。ではこれから、それがどのように働くかを説明しましょう。

男性であれ女性であれ、活性化の力を使わなければ、どのような障害を取り除くことも不幸をなくすこともできません。この力は意図的に作動させる必要がありますが、その際には「私は幸せになれるし、そうなる権利もあるはずだ」と主張してください。また、なぜ自分は不幸だと感じるのかを突き止める努力も怠ってはなりません。言葉を変えて言えば、自分の内面にある間違いを正す方向に努力し、同時にその努力を意義あるものにするために、自己の内奥にある高次の叡智と力を意図的に呼び覚まさなければなりません。心はその意志を打ち出し、その手順を決め、さらに内面のより大きな叡智の助けを求めます。これらすべては実際的な活動であり、それぞれの活動には独自の流儀があります。しかし、これらの手順を踏んだ後では、受け身の原理が働かなくてはなりません。なぜならば、ひとたびこれらのエネルギーが活性化されたなら、それに実を結んでもらうために自分は脇へ退く必要があるからです。それが待てず直ちに結果を求め、そのためには自分が活性化を行うしかないと考える人は、創造に関わる女性性原理に背くことになります。ですから、創造は達成されません。もし達成されたとしても、創造の二つの側面が機能できた度合と同じ程度にとどまるでしょう。種を土に埋めて、すぐに成長した植物として引き抜くことはできません。芽を出させるには、土の中で育つ時間が必要です。農業に関する法則は、創造の二つの側面の完全性を見事に表しています。パスワークとは、このように二つの原理を同等に利用する、目的を持った創造の行為です。

私の友人である皆さん一人ひとりに祝福がありますように。私の話した言葉から、あなたが新しい力と新しい刺激を得られますように。身動きできずにいるかもしれないあなたが、その場所から脱出するドアを開けられますように。私の言葉はあなたの心の中でこだまのように響き、あなたの中で何かが動き始めるかもしれません。そうすれば、あなたは内面の奥深くに向かう探究をいっそう活性化したくなることでしょう。障害と正面から向き合い、それを受け入れ、理解し、取り除いたなら、あなたの最も高次の創造力が発揮できるようになります。祝福がありますように。本来のあなた——神——の偉大さと素晴らしさがさらに現れますように。

2章のまとめのエクササイズ

このレクチャーでガイドは、人間がいざ何かを創造しようとすると、能動性と受動性の原理はどのように働くかに気づくことが、誰にとっても大変重要であると説きます。特に強調しているのは、この二つの原理がどのようにして親密な関係に調和、あるいは不調和をもたらすかということです。

人間の内面において男性性原理と女性性原理がどのように作用し合うかは、人によって異なり、その人独特の特徴があります。ガイドは、この二つのエネルギーの存在と、それらが私たちとどのように関わるかについて、私たちが思いめぐらせるように導いてくれます。

一日を振り返って日記を書いたり、デイリー・レビュー（日々の総括）や瞑想をしたりするときに、次のような質問に焦点を当ててみましょう。

このレクチャーで解説されている能動的原理と受動的原理が男性であるあなた、または女性であるあなたの中に現れるとき、それらにはどのような目立った点や特徴があるかを考えてください。それらがバランスよく調和的に現れたのはどこでしたか？　そして、ガイドが「歪み」と呼ぶ状態で現れたのはどこでしたか？

ガイドが能動性と受動性の機能の「歪み」と呼ぶものを説明しているのは、このレクチャーでは次の部分です。

「男性が自分の持つ破壊性に気づかなければ、それをコントロールできるはずもなく、したがって当然、活性化エネルギーを恐れることになります。同様に何らかの歪んだ動機で自分を無力にしている女性は、当然すべてをゆだねることを恐れます。もし女性が本来持っている力を発揮できないなら、そのようにゆだねることは自分を弱体化させ、危険にさらす行為になるでしょう。男女はそれぞれが男性性原理と女性性原理の両方を発現しており、両者共に暴力や敵意を活性化する力を取り除かなくてはなりません。男性も女性も、自分の苦しみを外的要因のせいにしないで、自分に起きることはすべて自分に原因があることを学ぶ必要があります」

「自己変容の道にしたがって自分自身を見つめると、男性も女性もまったく同じ欺瞞的な行動パターンを見つけるでしょう。自分が不当な理由で攻撃したり、敵意を抱いたり、暴力的になったり、過剰に活動したり、いらいらしたりしていること、そしてさまざまな力が然るべき過程を経て、実を結ぶまで待てないことを発見します。それと同時に、不誠実な理由で受け身になったり、こだわりを捨てたりしていることも発見しますが、それは自己責任を回避し、怠けて、できるだけ楽に生きようとすることです。本来は自分が負うべき責任を引き受けてくれる権威ある誰かを求めるのは、責任から逃げたいからです。ですから、男女は共に同じ問題に取り組む必要があるのですが、その交流は同じレベルではなく、補完的に行われるのです」

マデリン・ディートリック

最近行った創造的な行為や親しい人との交流を、観察者としての自己を通して振り返り、そのとき男性性原理と女性性原理があなたの中でどのように現れたかを認識しましょう。

能動的または受動的エネルギーを建設的に発現させる能力を高めるには、あなたにとって何が必要だと思いますか？　そして、それらのエネルギーはあなたの中でどのように相互作用するでしょう？

第3章　愛、エロス、性のエネルギー

こんにちは、私の大切な友人たち。ここにいる皆さんに祝福がありますように。このひとときは神に祝福されています。

今日は、宇宙に存在する三つの特殊なエネルギーについて話したいと思います。男女間に現れる愛のエネルギー、エロスのエネルギー、および性のエネルギーです。これらはそれぞれが明らかに異なる性質を持つ三つの原理、つまりエネルギーで、極めて高い次元から極めて低い次元までの各次元において、実にさまざまな形で現れます。昔から人間には、この三つの原理のとらえ方について混乱があります。これらが別々のエネルギーであること、そしてどのように違うのかは、ほとんど認知されていないのが現状です。あまりにも混乱しているため、その混乱を取り除くことは大変に役立つでしょう。

エロスのエネルギーの霊的意義

エロスのエネルギーは、存在する中でも最も強力なエネルギーの一つであり、途方もない推進力と影響力を持っています。本来は性と愛とをつなぐ橋としての役割があるのですが、ほとんどの場合はそれができていません。霊的に極めて成長した人の場合、エロスのエネルギーはその存在体を、一時的なものであるエロスの体験から永遠の純粋な愛の体験へと運んでいきます。しかし、強烈なエロスのエネルギーでさえも、その魂を連れていけるのはそこまでです。その人格が真の愛に必要な性質やその他の要素をすべて養おうとしないならば、エロスのエネルギーは消え失せます。愛を学ばない限り、エロスのエネルギーのときめきを維持することはできません。愛がなければエロスのエネルギーは燃え尽きてしまいます。ご存知の通り、これが結婚生活の難しいところです。ほとんどの人は純粋に愛することができませんから、理想的な結婚を実現することもできません。

エロスは多くの点で愛と似ています。エロスは、人間が他のことでは感じないような強い衝動を呼び覚まします。それまでは持てなかったような利他的で慈愛深い衝動です。エロスがしばしば愛と混同されるのはこのためです。しかし、それと同じくらい、エロスは性本能と混同されることも多いのです。性本能も同じようにすさまじい衝動として現れます。

さて、それではエロスのエネルギーには、特に人間に関して、どのような霊的意義と目的があるかについて話したいと思います。多くの人は、エロスがなければ、真の愛に含まれる素晴らしい感覚と美を経験できなかったでしょう。それがどのようなものかを知る術もなく、愛へのあこがれは魂の奥底に埋もれたままだったでしょう。そしてその願望よりも愛への恐れが勝ったことでしょう。

エロスは、まだ十分に成長していない人が体験できるものの中で最も愛に近いものです。エロスは怠情さやちっぽけな満足感、無為な生活から魂を引き上げてくれます。魂を奮い立たせて、自分の殻を破らせてくれます。成長度がかなり低い人でも、このエネルギーが訪れたときには自分の枠から出ていくでしょう。犯罪者さえ、少なくとも一人の人に対しては、一時的にせよ生まれて初めて優しい感情を抱くことでしょう。ひどく自己中心的な人も、この感覚が続く間は利他的な衝動を持つのではないでしょうか。怠惰な人は惰性から抜け出るかもしれませんし、型通りに生きる人は硬直した習慣を自然にやめられるかもしれません。エロスのエネルギーは、たとえ短い間であっても、分離感を取り除いてくれるのです。エロスは、分離がなくなるとはどのような感じかを魂に予感させ、恐れでいっぱいの精神に一体化へのあこがれを抱かせます。魂はエロスの経験が強烈であればあるほど、分離した状態で安心を装っていることに満足できなくなります。いつもはひどく自己中心的な人でも、エロスを経験している間は自己を犠牲にさえできるかもしれません。このように、人々が普段はとてもできないことを、エロスは可能にさせてしまうのです。これらは非常に愛に近い性質に見えます。ですから、エロスがしばしば愛と混同される理由がおわかりになると思います。

エロスと愛の違い

では、エロスと愛にはどのような違いがあるのでしょう。愛とは魂の永遠の状態ですが、エロスはそうではありません。成長と浄化によって土台が整わない限り、愛は存在できません。愛は偶然に訪れたり去ったりしませんが、エロスにはそれがあります。エロスは否応なしに突然やって来ます。しばしば不意を突く形で、それを経験したくない人にさえも訪れます。しかし、エロスが男女間の愛への架け橋となるには、魂が愛するための準備を整え、その土台を築き終えていなければなりません。

以上のことから、エロスのエネルギーの重要性をおわかりいただけたと思います。多くの人は、エロスのエネルギーが訪れてマンネリ化した日常を打破してくれなければ、分離の壁を壊すために意識的に探究をする気にはなれないでしょう。エロスを知ることで魂に種がまかれ、魂は分離をなくしたいと切に願うようになります。これは救済計画の崇高な目的なのです。魂は分離している限り、孤独と悲哀を味わう運命にあります。エロスを知れば、自分以外の存在の少なくとも一つの魂とは一体になりたいと願うようになります。高次の霊世界では、あらゆる存在の間に分離はありません。ですから神とも一体です。地球という領域においては、エロスのエネルギーが人々を、その真の意義を理解しているかどうかにかかわらず、強い力で駆り立てます。多くの人々はそのエネルギーを正しく使わず、それ自体を楽しみますが、それでもそのエネルギーは存在する限り人々をそうして駆り立てます。魂の中で愛を育むために使われなければ、それはやがて消えてしまいます。しかしながら魂にはその影響が確実に残ることでしょう。

エロスの恐れと愛の恐れ

エロスは、人生のある局面で突然訪れます。分離を打破しようとするのは危険なことではないかと恐れる人にさえ訪れます。自分の感情やありのままの人生を恐れる人は、誰かと一つになるという崇高な体験を、自分でも意識しないところで何が何でも避けようとするでしょう。このような恐れは多くの人が持っていますが、魂が少しだけ開いてエロスに心を動かされる経験をしない人はほとんどいません。恐れに支配され、そのような経験に抵抗する魂にとって、それはいい薬です。たとえ後に心が掻き乱され、悲しみと喪失感に襲われることになるとしても……。しかしながらとても感情的で、その他のできごとを恐れてもエロスだけは恐れない人々もいます。それどころか、彼らはその素晴らしさに心奪われ、貪欲に追い求めます。感情に流されてエロスの深い意味を理解できないまま、次から次へと相手を替えます。純粋な愛を学ぼうとせず、エロスのエネルギーを快楽のためだけに使い、それが衰えてしまうと他の人を探します。これはそのエネルギーの乱用であり、そのうち弊害が起きるのは避けられないでしょう。たとえ無知ゆえの行動だったとしても、いずれは乱用したことの埋め合わせをしなければなりません。同様に、恐れでいっぱいの臆病な人は、エロスから逃げて偽りの人生を生き、正しく使えば素晴らしい効果のある薬を魂に与えないことの代償をいずれは払うことになるでしょう。このタイプの人々は魂のどこかに脆弱な部分を持つことが多く、エロスはそこから入り込むことがあります。

　その他に、数は少ないですが、恐れとプライドの堅固な壁を魂の周囲に築き、人生経験の中にあるはずのその部分をいっさい寄せつけない人もいます。そのため彼らは自身の成長を妨げてしまいます。このような恐れを抱くのは、たぶん前世でエロスに関して不幸な経験をしたか、あるいはその魂はエロスのエネルギーの素晴らしさを貪欲に乱用するだけで、愛に高めることをしてこなかったのでしょう。いずれにせよ、その人格はより慎重になることを選択したのでしょう。その決心があまりに頑（かたく）なで一途だったなら、その次には正反対のことをするかもしれません。来世では、魂が極端でない調和的な状態に到達するように、バランスを取らせるための状況が設定されるでしょう。このように未来の生でバランスを取ることは、人格のさまざまな要素についても起こります。少なくともそのような調和にある程度近づくには、理性、感情、意思が然るべきバランスを取れるようになる必要があります。

エロスの経験はしばしば性的衝動と混ざり合って生じますが、いつもそうとは限りません。愛、エロス、性という三種のエネルギーは、多くの場合まったく別々に生じます。場合によっては二つの種類が混ざることもあります。**エロスと性**、または**エロスと愛**（魂の愛する能力に応じて）、**性と見せかけの愛**というように。理想的な状態でのみ、この三種のすべてのエネルギーが調和的に混ざり合うのです。

性のエネルギー

性のエネルギーは、存在のあらゆるレベルにおける創造的エネルギーです。極めて高次な領域においては、このエネルギーが霊的生活や霊的観念、霊的概念や原理を創造します。これに対して低い次元では、霊的意義を持たない純粋な性的エネルギーがこの領域特有の生物を創造する――つまり、その領域で生きることを運命づけられた存在体の外側の殻、言い換えれば乗りものを創造するのです。

純粋な性のエネルギーは、どこまでも利己的です。**エロスも愛もない性**は動物的だと言われます。純粋な性は動物や植物、鉱物などのあらゆる生きものに存在します。エロスは、魂が成長を重ねて人間として転生した段階で初めて現れます。そして純粋な愛は、より高次の霊界で知ることになります。だからと言って、成長につれてエロスと性がなくなってしまうわけではなく、次第に三者すべてが調和的に混ざり合い、洗練され、利己的でなくなっていくのです。また、人間はこの三種のエネルギーすべてを調和させようと試みてはいけないと言っているわけでもありません。

ごく稀なことですが、**愛も性もない状態でエロスのみ**が一定期間続くことがあります。これはよくプラトニックラブと呼ばれるものです。しかし、ある程度健康的な人ならば、遅かれ早かれエロスと性は混ざり合います。性のエネルギーは抑圧されることなくエロスのエネルギーに取り込まれ、両者は一つの流れになります。これら三種のエネルギーが別々であればあるほど、人格は不健康なものになります。

その他でよくある組み合わせは、特に長期にわたる人間関係にあることですが、**性を伴う誠実な愛でありながらも、エロスのない愛**です。三種のエネルギーがすべて混ざり合わない限り完璧な愛にはならないものの、そこにはある程度の思いやり、親交、好意、互いの尊敬があり、性関係もあります。しかし、その性にはいつの間にかエロスのときめきが失われており、繊細さを欠いています。性関係にエロスが伴わない場合、いずれは苦しむことになるでしょう。ですから、これはほとんどの結婚生活の問題点なのです。互いに慣れて親しくなってくると、二人の間にあったときめきは消えていくように見えます。ほとんどの人は、どうすればそれを維持できるかと聞かれても戸惑うばかりです。あなたはおそらく、その疑問を性質の異なる三種のエネルギーという観点から考えたことはないと思います。でも、結婚当初にはあった何かが消え失せてしまうことは体験的に感じ取っていることでしょう。消えたのはエロスのときめきなのです。あなたは悪循環に陥ってしまい、結婚とは絶望的な課題だと思うでしょう。でも皆さん、それは違います。今はまだ理想に到達していないだけなのです。

理想的な愛のパートナーシップ

二人の間に愛に基づいた理想的なパートナーシップを築くには、三種のエネルギーすべてが表現される必要があります。愛することに関しては、さほど問題がないように思われます。なぜならば、ほとんどの人は少なくとも愛する意思がなければ結婚しないからです。そのような意思がまったくない場合もありますが、ここでは触れないでおきましょう。私が注目したいのは、成熟した選択によって一緒になった二人であっても、**失われやすいエロスはすでにどこかへ行ってしまい**、時間と習慣に束縛されている関係です。性にも同じことが起きます。健康な人間ならほとんどが持っている性のエネルギーですが、もしエロスが失われてしまえば弱まっていきます。これは特に女性に起きることです。男性はエロスを他の場所に求めるかもしれません。というのも、エロスを維持できない限り、性的な関係はいずれつらいものになるからです。

どうしたらエロスを維持できるのでしょう? 皆さん、これは重大な問題です。エロスを維持したいならば、崇高な愛による真のパートナーシップへの架け橋としてエロスを利用しなければなりません。では、どうすればそれができるのでしょうか?

相手の魂を探求する

まず始めに、エロスのエネルギーの主な特徴を見てみましょう。分析してみると、それは冒険、つまり相手の魂を知るための探求であることがわかるでしょう。その願望は、創造された魂の誰もが持っています。その存在体は、もともと備わっている生のエネルギーによって最終的には分離から抜け出るでしょう。エロスは相手への興味を掻き立てます。相手の魂について新しい発見がある限り、そしてあなた自身の隠れていた部分が明かされ続ける限り、エロスは持続します。発見できるものはすべて発見してしまった、そして自分自身もすべて明かされてしまったと感じたとき、エロスは去って行きます。エロスとは、それほど単純なものです。しかし、あなたの大きな間違いは、あなたの魂であろうが他の魂であろうが、いかなる魂もその内面の発見には終わりがあると信じていることです。多くの人はごく表面的なものがある程度明かされてしまうと、他にはもう何も残っていないという感覚を持ち、それ以上は探求せず、仕方なく平穏な生活に落ち着きます。

エロスの強力な働きかけによって、あなたはそこまで導かれました。でもそこから先は、無限の深さを持つパートナーを自分の意志で探求し続け、かつ自分自身の内面に見つけたものを進んで明かし共有しなければ、**エロスを愛へたどり着くための橋として利用したことにはなりません**。そしてそれができるかどうかは、あなたに愛する方法を学ぶ意思があるかどうかにかかっています。愛においてエロスのときめきを維持するには、この方法しかありません。この方法でしか、**相手を見出し続け、あなた自身も見出され続けることはできません**。見出すことは無限にあります。なぜならば、魂は無限で永遠だからです。人生のすべての時間をもってしても、それを知るには足りません。

相手の魂をあなたが知り尽くすときはやって来ません。あなたが知り尽くされるときもやって来ません。魂は生きています。生きているものは必ず変化します。魂はさらに深い層を幾重もさらけ出すことができます。あらゆる霊的なものの本質がそうあるように、魂もまた絶えず移り変わります。霊とは生命であり、生命とは変化です。魂は霊ですから、魂を完全に知ることは決してできません。賢明な人ならこれを理解し、本来の冒険と驚異に満ちた旅として結婚生活を送ることでしょう。当初のエロスの勢いに任せてたどり着いた場所で終わることなしに……。あなたはエロスの勢いを本来の初めに突き動かす力として利用し、それによって感じた衝動により、そこから先へは自力で進まなくてはなりません。そのときあなたは、結婚生活においてエロスに真の愛をもたらすことになるのです。

結婚で陥りやすい罠

結婚という仕組みには崇高な目的が隠されており、単に子孫を残すためのものではありません。それは結婚の一つの側面にすぎません。霊的な観点から見た結婚とは、魂が自身をさらけ出し、常に相手を探求することで相手の中に新しい景色を発見し続けることです。それができればできるほど結婚生活は幸せなものになり、しっかりと安定して根を下ろし、不幸な結末を避けられるようになります。そうなってこそ、結婚の霊的な目的が達成されるのです。

しかし実際には、結婚がこのように機能することは稀です。ある程度親しくなり、習慣的になると、あなたは相手をわかったつもりになります。そしてあなたは、相手もあなたの一部しかわかっていないことに気づきさえしません。相手を知るには、そして自分自身をさらけ出すには、内面を注意深く見つめる作業が不可欠です。ところが多くの人々は内面的な作業を敬遠し、その埋め合わせとして外へ向けた作業に一生懸命になるので、ゆったりとくつろぎたくなり、互いにもう十分知り尽くしているという幻想に安住するようになります。ここに罠があります。最悪の場合、これが終わりの始まりになるのです。そこまでいかなくても、あなたはせいぜい苦痛と満たされない思いを感じながら暮らすしかありません。そのとき、二人の関係には活気が失われています。それなりに楽しい面もあるかもしれませんが、その関係はもう生きていません。習慣化は大変に魅力的なものですが、それにより人は怠惰になって惰性に流されるようになり、努力や注意深さは不要になるのです。

二人は表面的には良好な関係を築くかもしれませんが、年月を重ねるうちに分岐点に差しかかります。一方の分岐に進んだ場合、どちらかまたは双方が不満を感じていることを自覚し、それを隠さなくなります。その原因は何かと言えば、人格の一部がどれほど一体化を恐れ、今までと同じでいることに魅力を感じても、魂には前進し、見出し、見出されることで分離をなくしたいという願いがあるからです。このような不満は意識される場合とされない場合とがあります。意識されたとしても、不満の**ほんとうの**理由が自覚されることはほとんどありません。いずれにせよ、惰性と停滞が持つ安心感の魅力よりも不満の方が大きくなったのです。そのとき、結婚生活は混乱し、片方または双方が、他の人とだったらうまくいくのだろうと夢想することになります。特に新たなエロスに襲われた場合にはそうでしょう。この原理をわかっていなければ、エロスが働いている間だけしか思いを持続できず、次から次へと相手を替えるでしょう。

分岐のもう一方に進んだ場合、うわべだけの平穏を保ちたいという願望が優勢になります。そうなると二人は別れませんが、おそらく互いに満足できる部分は確かに存在するものの、魂には常に大きな欠乏感が潜むことでしょう。本質的に男性は女性よりも能動的で冒険好きなので、多くの相手と関係を持ちたがる傾向があり、浮気に走りやすくなります。これらのことから、男性の不倫傾向の根底にある動機も理解できることと思います。女性は男性よりもはるかに消極的な性質であることが多いので、妥協することには長けているでしょう。それにより、女性は一人の相手との関係に留まる傾向があります。もちろん、これがすべての男女に当てはまるわけではありません。浮気は「被害者」を困惑させるものですが、しばしば当事者である側も同じように困惑しています。両者とも自分自身を理解していません。信頼を裏切った側も、裏切られた側と同じくらいの苦しみを抱えるでしょう。

妥協を選んだ場合、二人は共に、少なくとも魂の非常に重要な部分に関しては成長が滞ります。二人にとって、いつも安心できるその関係は避難所です。そのように暮らすことが幸せだとさえ信じるかもしれません。そして、それはある程度ほんとうかもしれません。魂の動揺を招くくらいなら、友だちとして、仲間として互いを敬い、すっかり馴染んだやり方で心地良い生活を送り続ける方を好むのです。二人には十分な自制心があるため、相手を裏切るようなことはしないかもしれません。しかし、そこには人間関係の重要な要素が欠けています。それは可能な限り魂をさらけ出し合うことです。

真の結婚

このように二人が自分をさらけ出さない限り、**共に浄化**されるべく互いが互いの役に立つことができません。二つの成長した魂は自分自身をさらけ出し、かつ相手の魂を深く探求することで互いに貢献し合います。そうしてそれぞれの魂に秘められたものが意識に浮上し、浄化が起きます。それにより命のときめきが維持され、その関係は決して停滞したり、悪化して行き詰まったりすることはなくなります。あなたがもしこの道を歩んでいて、これらの種々の手立てを示された通りに実践したなら、結婚という関係にある罠や危険性をより容易に乗り越えることができるでしょう。そして、意図せずして傷を被っても修復できるでしょう。

私の大切な皆さん、こうすれば震動する生命エネルギーであるエロスを維持できるばかりでなく、それを真の愛に変容させることもできるのです。愛とエロスに基づく真のパートナーシップがあってこそ、あなたは相手の中にそれまでは見えなかった新たな存在のレベルを発見できます。そしてあなた自身も、プライドを捨ててほんとうの自分をさらけ出すことで浄化されるでしょう。二人はすでに互いのことをわかってしまったとあなたが思っていようと、その関係は常にそれまでと違います。すべての仮面ははがされます。表面にあるものだけでなく、あなたが自覚さえしたことのない奥深くの仮面もはがされます。そうしてこそ、あなたの愛は生き続けます。愛は同じところに留まらないので、絶えず変化するでしょう。もう他の人を探す必要はありません。あなたは自分が選んだその人を変わらず尊敬しつつも、そこにはかつて二人を引き寄せた命のときめきがないと感じているかもしれません。しかし、相手の魂という領域には、見るべきもの発見するべきものが限りなく存在します。愛する人があなたから去ってしまうかもしれないと恐れることは、もうないでしょう。そのような恐れが根拠を持つのは、互いに自己をさらけ出す旅に出る勇気がないときだけなのです。これが**ほんとうの意味の結婚**です。そうしてこそ、結婚を本来の栄誉あるものにできるのです。

分離

自分自身を周囲から切り離しているその四方の壁から出ることを恐れているかどうか、あなた方一人ひとりが真摯に自分自身に尋ねてみる必要があります。周囲から切り離されたその状態は、自分がほぼ意識的に望んだことだと気づかない人々もいます。皆さんのほとんどは、自分が結婚したがっている理由は、心の一部でそれを熱望しているから、一人ぼっちになりたくないから、などと思っているでしょう。そしておそらく他にも極めて表面的で体裁のいい理由を挙げて、魂の深いところにあるその熱望を説明しようとするでしょう。ところがそのような熱望があるにせよ、共に暮らす相手が欲しいというだけの表面的で自分勝手な動機もあるにせよ、自分自身をさらけ出す冒険の旅に踏み出すことには躊躇するでしょう。すると、あなたは人生の欠けている部分を埋められないままになります。それを今生で埋められなければ、来世のいつかで埋めることになるでしょう。

自分が孤独であることを発見したら、あなたは無意識に抱き続けた偽りがあなた自身の魂に与えた傷を、このような知識と真実に基づいて修復することができます。誰かと偉大な冒険の旅に出ることを恐れる自分を発見して、その恐れが自分を孤独にさせていたことがわかるかもしれません。それがわかったことであなたの理解は深まり、あなたの感情が大きく変化し、その結果外面的な生活さえ変化するかもしれません。それはあなた次第なのです。危険を冒してこの偉大な冒険をすることをためらうならば、人間が知る中で最も偉大な冒険——結婚——を成功させることはできません。

結婚相手の選択

このような冒険への覚悟ができた上で愛、人生、そして相手と出会ったとき、あなたは愛する人に最高の贈り物を渡すことができます。その贈り物とは、あなたの真の自己です。ですから必然的に、あなたも愛する人から同じ贈りものを受け取ることになります。しかしそのためには、あなたの感情的および**霊的成熟**が一定のレベルに達していなくてはなりません。そこまで成熟していれば、あなたは直観的に正しい相手を選ぶでしょう。正しい相手とは、基本的にはその旅に出発するための成熟度と覚悟をあなたと同じくらい持っている人です。旅に出たがらない相手を選んでしまうのは、その人自身が心のどこかで旅を恐れているからです。**あなたが無意識に抱いている欲望や恐れが、それにふさわしい人々や状況を磁石のように引き寄せます。**これは皆さんにも思い当たることでしょう。

ほとんどの人間は、真の自己同士によって起こるこのような理想的な結婚とは程遠いところにいます。それでも、それが理想であることに変わりはありません。今のところは、それに向かってできるだけ努力するしかありません。あなたは幸運にもこの道に入ったのですから、今どこにいようと、そこから多くのことを学べるでしょう。たとえそれが単に、あなたの魂の一部が熱望している幸福を得られない理由を理解することだったとしても……。それだけでも素晴らしい発見であって、あなたの熱望を今生あるいは来世で実現できる可能性が高まります。今あなたがどのような状況にいようと、結婚していようといまいと、自分の心の中をよく見てください。そうすれば、あなたの葛藤を解決する答えが見つかるでしょう。答えはあなたの中にあります。そしてその答えはきっと、あなた自身の恐れや躊躇、そして事実を無視していることに関係しています。自分でよく見てごらんなさい。そうすればわかるでしょう。愛に基づくパートナーシップによって神が意図したのは、二つの魂が互いに**いっさいを**さらけ出すことです。一部だけではありません。

肉体をさらけ出すのはほとんどの人にとって簡単なことですが、感情となると、一定の範囲に限られます。通常それは、エロスがあなたを導いたところまでです。ところがそこであなたはドアに鍵をかけてしまいます。そしてその瞬間に、あなたは問題を抱え始めるのです。

いかなる自分もさらけ出したくない人は大勢います。他者と関わらず、一人ぼっちでいたいのです。そのような人々は、自分自身をさらけ出したり相手の魂を見出すようなことは絶対にしたくありません。何としてでもそのようなことは避けようとするでしょう。

架け橋としてのエロス

皆さん、繰り返しますが、エロスの原理はあなた方の領域では大変重要なものです。エロスは、恋愛が億劫で、そのための心の準備もできていない多くの人々に救いの手を伸べます。それは皆さんが「恋に落ちる」とか「ロマンス」と呼んでいるものです。エロスを通して、人格は理想的な愛がどのようなものかを垣間見ることができます。前にも言いましたが、多くの人々はエロスが持つ幸福感を無神経かつ貪欲に利用してしまい、敷居を越えて真の愛に入っていくことをしません。真の愛は、人々に霊的な面ではるかに多くのことを要求してきます。その要求に応えなければ、あなたの魂が懸命に目指している目標は失われてしまいます。ロマンスを極端なまでに追い求めるのは、その正反対の態度、つまりドアを固く閉じて強力なエロスのエネルギーの侵入を阻止しているのと同じくらい間違ったことです。しかし、ほとんどの人々のドアの鍵はそれほど堅固でなく、人生のどこかの段階でエロスが訪れます。そのときエロスを架け橋にして愛にたどり着けるかどうかは、その人次第です。どれだけ成長しているか、意欲があるか、勇敢か、謙虚か、そして自分をさらけ出せるかにかかっています。今お話ししたことについて、何か質問はありますか?

質問者：魂を他の魂にさらけ出すというのは、高次のレベルにおいては、魂が自らを神にさらけ出すことを意味するのでしょうか。

それは同じことです。しかし、神に自分をすっかりさらけ出せるようになるには、愛する一人の人間にさらけ出すことを学ばなければなりません。あなたが相手にさらけ出したとき、同時にあなたは神にもそうしているのです。多くの人は、まず始めに自分の思い描いている神にさらけ出そうとします。しかし、その人の心の奥深くを見れば、実はその行為は単なる欺瞞(ぎまん)だとわかります。なぜならば、さらけ出す内容は抽象的で他人ごとのようだからです。他の人は誰もその内容を見たり、聞いたりすることができません。その人は孤独なままです。でも、屈辱的なほど極端に謙虚になって、安全が脅かされるようなことをする必要はないのです。あなたを誰か一人の人間にさらけ出すことで、神が相手では不可能だった大きなことを成し遂げられます。神はどのみちあなたのことを知っているので、ほんとうは神にさらけ出す必要はないのですから。

相手の魂を見出して出会ったとき、あなたは自分の運命を遂行しています。自分以外の一つの魂を見出すとき、あなたは神のもう一つの欠片も見出しているのです。ですからあなたの魂をさらけ出すのは神の欠片をさらけ出すことであり、相手の人間に神聖なものを差し出すことです。エロスの訪れによって高揚したあなたは、自分の中にあってその経験を切望しているのは何なのか、さらには自らをさらけ出すことを切望している真の自己とは何なのかを感知し、認識できるようになります。エロスが存在しなければ、あなたの目は怠惰な表層だけしかとらえられません。

エロスがあなたのところへ来たがっているなら、追い払ってはいけません。その背後にある霊的意図を理解したならば、あなたはそれを賢明に使いこなすことでしょう。そのとき、あなたの神としての自己は、二人が真の愛にたどり着くためにあなたが最善を尽くせるよう導いてくれるでしょう。その際、浄化はなくてはならない要素です。深く関与している関係を通して浄化に努めたときに、その浄化がこの道のワークとは異なる現れ方をしたとしても、それによって起きる浄化は同じものです。

質問者：非常に豊かな魂になって、自身を複数の魂にさらけ出せるようになることはあるのでしょうか？

さて、あなたは冗談を言っているのですか？

質問者：そういうわけではありません。私は、複数の人を愛することも霊的法則に含まれているのかを知りたいのです。

そのようなことはまったくありません。もしそういうことも霊的成長の計画に含まれていると考えるなら、それは欺瞞です。その人格は自分に相応しい相手を探しているのです。未熟なために相応しい相手を見つけられないのかもしれません。あるいは相応しい人と出会っていても、エロスの勢いに流されてしまい、そのエネルギーを意思的な愛にまで昇華させ、そこで困難を乗りこえ、先ほどお話しした敷居をこえる努力をしていないのかもしれません。

このような場合、当の冒険好きな人格はいつもキョロキョロしていて、常に存在の別の部分を発見しようとし、ある程度自分をさらけ出すと必ずそこでやめるか、あるいは毎回人格の新たな面を見せたりするでしょう。しかしながら、内奥の核へ入るための扉は閉じられています。するとやがてエロスは離れていき、別の人を相手に新たな探求が始まります。探求は毎回失望に終わります。これまでお話しした真理を会得しない限り、そのことを理解できません。

原初的な性本能も、この偉大な旅を切望する中で起きてきます。しかし、その関係を私が言うようなレベルに維持できない限り、性的満足は衰退し始めます。そして短期間のうちに消えることになるでしょう。たくさんの人に自分をさらけ出すのは、豊かさではありません。そのような人は、相手が替わるたびに自分の売りの部分を繰り返し披露するか、あるいは前にも言ったように、人格の違う面を見せます。自分を明かす相手が多ければ多いほど、一人の相手が受け取るものは少なくなります。それは当然の結果であり、避けられないことです。

質問者：性もエロスも相手を欲する気持ちも断って、人類愛だけに生きることができると信じている人々がいます。男であれ女であれ、人生のこういった側面を切り捨てることは可能だと思われますか？

それは可能ですが、もちろん健康的で正直な生き方だとは言えません。おそらく一千万人に一人くらいの割合で、そのような役割を担う人が存在するかもしれません。その可能性はあります。それはすでにある程度成長し、真のパートナーシップを経験ずみの特別な魂が背負うカルマで、その人は特定の任務を遂行するために生まれてきたのかもしれません。あるいは、何らかのカルマ的負債があって清算する必要があるのかもしれません。でもほとんどと言ってもいいくらい多くの人々にとって、パートナーを持とうとしないのは不健全なことです。それは逃避です。そうしないほんとうの理由は、愛が怖いから、人生経験が怖いからです。それにもかかわらず、その恐れからくる拒絶を犠牲的行為だとして正当化しているのです。このような悩みを抱えて私のところへ来る人がいたら、私はこう言うでしょう。「自分自身をよく振り返ってください。そのような考え方について、あなたが気づいている表面的な原因や説明の下には何があるでしょう。自分が愛と失望を恐れていないかどうか、確かめてください。他人に煩わされることなく、一人で生きる方が快適だと思っていませんか？　ほんとうは心の奥底ではそう感じていて、別の理由を挙げてそれを隠しているのではないですか？　あなたがやりたい人道的な活動にはそれなりの理由があるのでしょうが、一つを選べば他のことはできないとほんとうに思っていますか？　あなたが自分に課した偉大な任務は、個人的な愛を学んだ方が、より上手に遂行できるということはないですか？」

このすべての質問に誠実に答えたなら、自分が逃げていることがわかるでしょう。個人的な愛とその成就は、ほとんどの人に課せられた運命です。なぜならば個人的な愛は、他のことでは得られない多くの学びをもたらすからです。結婚した相手と持続的で信頼できる関係を築くことができれば、あなたは人間に可能な最も偉大な勝利を収めたことになるのです。世の中を見渡してもわかると思いますが、これはあらゆることの中でも最も難しいことです。中途半端な善行をするよりもこの人生経験を経る方が、魂はもっと神に近づけるでしょう。

質問者：私が先ほど質問したことに関して尋ねたいのですが、宗派によっては、独身が霊的に高く成長した形態だとされます。一方で、たとえばモルモン教のように、一夫多妻が認められている宗教もあります。あなたのおっしゃることは理解できるのですが、神と一つになることを目指してこれらの生き方をする人たちは正しくないのでしょうか？

どのような宗教にも、人為的な誤りがあります。ある宗教には特定の誤りがあるでしょうし、別の宗教にはまた別の誤りがあるでしょう。あなたは単純に二つの極端な例を挙げました。さまざまな宗教がありますが、極端な教義や決まりごとには、それがどのようなものであれ、必ず正当化と欺瞞があり、個々の魂はいつもその正当化と欺瞞によって乗り切ろうとします。流れに逆らう魂の恐れや貪欲さを、立派な動機で説得して消し去ろうとするのです。

性に関するものは何であれ罪深いという共通した信条があります。しかし、それは間違いです。性欲は幼児期にすでに存在します。人間が未熟であればあるほど、性と愛が分離しています。それゆえ、より自己中心的になります。愛がなければ何ごとも――あなた方の表現を借りるなら――「罪深い」のです。愛が伴っていれば何ごとも間違いでは、つまり罪深くはありません。

成長期の子どもは当然未熟であり、初期の性的衝動は自己中心的な現れ方をします。全体的な人格が成長し、成熟して調和したときに初めて、性と愛は統合されます。人類は無知さゆえに、ずっと昔からそのような性を罪深いものだと信じてきました。そのため性は隠され、人格のその部分は成長することができませんでした。隠されたままのものが成長できないのは当然のことです。そのため大人になっても多くの人は性に関して幼稚なままで、性と愛は切り離されています。またこのようなことから人間は性を罪深いものと信じ、真に霊的な人はそれを自制するべきだと信じてしまいました。こうして、たびたび私が口にする悪循環ができ上がったのです。

性は罪深いと信じたために、本能であるそれが成長して愛のエネルギーと融合することはできませんでした。そのため実際の性はしばしば自己中心的で愛を欠き、粗野で動物的なのです。もし人々が、性本能は他の宇宙的エネルギーと同じく自然で天与のものであり、存在するエネルギーの中で特に罪深い本質があるわけでないと理解したら――徐々に理解し始めてはいますが――、この悪循環が破られ、人々の性的衝動はもっと成熟し愛と、そしてエロスとも溶け合うでしょう。

どれほど多くの人の性と愛が完全に切り離されていることでしょう！　そのような人々は、性的衝動が起きたときに良心の呵責に苦しむだけでなく、ほんとうに愛している人を相手に性的な感情を扱うことができずにいます。このような歪んだ状態と悪循環が存在するために、人間は性的衝動を行動に移したら神を見出すのは不可能になると信じてしまいました。これはまったくの勘違いです。生きて活動しているものをあなたが抹殺することはできません。あなたにできるのは、せいぜいそれを隠すことくらいです。しかし隠された場合、それはおそらくはるかに有害な形で現れてくるでしょう。性のエネルギーが極めて建設的に昇華され、その創造的エネルギーが他の領域で顕在化することもありますが、それは非常に稀なことです。恐れが根底にあり、逃避のために利用された場合に、真の昇華は決して起きません。これであなたの質問の答えになっていますか？

質問者：大変よくわかりました。ありがとうございました。

質問者：この場合、親友同士の友情はどのような位置にあるのでしょう？

友情とは同胞愛です。男女の間にも友情はあり得ます。その中にエロスが忍び込もうとすることもありますが、理性と意思の導きによってその思いは自然な経過をたどることができるでしょう。その思いが誤った方向に進むのを防ぐには、賢明な判断力、および理性、感情、意思の健全なバランスが必要です。

質問者：離婚は霊的法則に反することなのでしょうか？

必ずしもそうとは限りません。そのように固定化した決まりはありません。離婚が安易な脱出口として、つまり単なる逃避のために使われる場合があります。また、未熟な段階で結婚を決意し、両者に結婚のほんとうの責任をまっとうする意欲がないときなどは、離婚が賢明な判断である場合もあります。もしどちらかに、あるいは双方にその意思がないならば、一緒に暮らして結婚を茶番劇にするよりも離婚した方がいいでしょう。二人が共にその旅に出る覚悟がない限り、どちらかが相手の成長を妨げるくらいなら決別した方がいいでしょう。もちろん、そういうこともあります。有効な改善策も見つからないまま漫然と結婚を続けるよりも、過ちに終止符を打った方が賢明なのです。

絶対に離婚するべきではないなどと決めつけるのは、離婚が常に正しいと言うのと同じくらい間違っています。しかし、軽々しく別れを選んではいけません。結婚が過ちであり機能していないとしても、その原因を突き止め、障害になっているものを探し出し、そしておそらくそれを乗りこえるために最善を尽くさねばならないでしょう。もし双方に多少なりともその意思があるならば、ということですが……。あなたの結婚は、今夜私が説いているような理想的なものでないとしても、ともかく最善を尽くすべきです。そのような理想の結婚ができるほど十分に成長している人はめったにいません。でも、過去の過ちから多くを学ぶ努力をすれば、あなたもできるようになります。

私の大切な友人である皆さん、私の話したことをよく考えてください。ここにいる皆さんの一人ひとりにとって、そしてこれを読むすべての人にとって、考える価値のあることがたくさん含まれています。必ず何かを学べるでしょう。

皆さん、もう一度祝福を受け取ってください。光と真理の世界からやってくるこの素晴らしい力であなたの心が満たされますように。皆さん一人ひとりが平和で幸福でありますように。神の内にありますように。

3章のまとめのエクササイズ

「宇宙には三種類の特殊なエネルギーが存在します。男女間に現れる愛のエネルギー、エロスのエネルギー、および性のエネルギーです。これらはそれぞれが明らかに異なる性質を持つ三つの原理、つまりエネルギーです」

エクササイズ1

静かに座ってエクササイズの準備をしましょう。

愛、エロス、性のそれぞれのエネルギーについて、思いめぐらせてください。

エロスと愛の違いを、あなたがどう理解しているかを書いてみましょう。

1. エロスのエネルギーを体験したときのことについて書いてください。それはどんな体験でしたか？　エロスによって結果的にその関係は発展していきましたか？　エロスの体験は、愛への架け橋になりましたか？
2. エロスに強く引き寄せられたとき、それに抵抗したり間違った反応をしたことで、相手との関係を深められなかったことはありますか？
3. おそらくあなたは、次から次へと新しいパートナーを探し続けているでしょう。もしそうなら、それはあなたの人生にどんな影響を及ぼしていますか？（ガイドの言葉によれば、これはエロスに対する裏切りであり、いずれは悪い影響が出るのは避けられません）
4. エロスはあなたを愛から遠ざけていますか？　あなたはエロスを恐れていますか？　エロスから逃げていますか？　もしそうならば、自分の中にあるどんな弱さから自分自身を守ろうとしたのでしょう？

エクササイズ2

愛、エロス、性は、それぞれ独立的に現れるので、どのような組み合わせで現れるかは決まっていません。

ガイドが示す例：

- 稀ではあるが、性と愛を伴わずにエロスだけが一定期間存在する。
- 性のエネルギーが抑圧されることなくエロスのエネルギーに取り込まれ、両者が一つの流れになる。
- 誠実な愛と性が共存するが、エロスは存在しない。
- 愛があってもエロスがなければ、性は苦痛になる。

あなたの今の状況がどうであれ、たとえば現在のパートナーとの関係について知ろうとしていても、あるいはこのエクササイズを実行するのが目的だとしても、エロスのときめきが消えてしまった過去の時点からの関係を顧みてください。

1. 今は失われてしまったエロスのときめきとは、何なのでしょう？
2. パートナーについて知るべきことはすべて知ってしまった、と当然のように考えていませんか？
3. プライドと意地を捨て、ほんとうの自分を見せることを恐れずに、パートナーに自分をさらけ出そうと思えますか？
4. その関係に性がないとしたら、それはエロスの喪失と関連していませんか？
5. あなたはエロスを他の人に求めますか？

エクササイズ3

内面を見つめて、相手とつながることへの恐れを探し出しましょう。

1.「あなたを他者から分離させている四方の壁」から出て行くことが怖いかどうか、よく考えてください。たとえば次のようなことを参考にして、あなたの中にある矛盾を発見しましょう。

- 「距離を置いていたいという願望」と「相手と一つになりたいという切なる願望」
- 「パートナーシップを求める思い」と「自分を相手にさらし出すという冒険の旅に出る危険を冒したくないという思い」

2. 相手に自分をさらけ出すことには、あなたにとってどんな危険があるのでしょう？
3. どうして自分をさらけ出す冒険の旅に出たくないのかを、よく考えてみましょう。

答えはあなた自身の中から出てこなくてはなりません。それはあなた自身が恐れたり、億劫だったり、事実を無視したりしていることに関係しています。よく調べてみればわかるでしょう。

エクササイズ4

愛するには、自分自身をさらけ出さなくてはなりません。一つの魂が他の魂と、互いをさらけ出し合うのです。しかも、魂の一部だけではありません。「そこから先は、無限の深さを持つパートナーを自分の意志で探求し続け、かつ自分自身の内面に見つけたものを進んで明かし共有しなければ、エロスを愛へたどり着くための橋として利用したことにはなりません」。「愛においてエロスのときめきを維持するには、この方法しかありません」

1. 瞑想しましょう。静かに座り、ガイドの言葉について思いめぐらせてください。「愛とは、魂の永遠の状態です。自分でよく見てごらんなさい。そうすればわかるでしょう。愛に基づくパートナーシップの聖なる意図は、二つの魂が互いにいっさいをさらけ出すことです。一部だけではありません」

2. 自分をさらけ出そう、相手のことを知ろうとする覚悟ができた上で愛と生に向き合い、かつ相手に向き合う自分を想像してみましょう。それができれば、あなたはその愛する人、つまりあなたのほんとうの自己に、この上なく素晴らしい贈り物を手渡しているのです。それと同じ贈り物を相手から受け取る自分も想像してみましょう。

3. もし大切にしている関係があるならば、このエクササイズに相手を誘うことも考えましょう。

アイリーン・ケイニグ

第4章　人間関係の霊的意義

　こんにちは、私の大切な友人たち。あなた方一人ひとりに祝福がありますように。あなたのその命、すべての呼吸、思考、そして感情に祝福がありますように。

　このレクチャーでは、人間関係とそのはかり知れない意義について、霊的な観点、特に個人の成長と統合の観点からお話しします。まず初めに指摘しておきたいのは、人間として現れるレベルにおいては個人単位の意識が確かに存在していて、それらはときに調和的ですが、多くの場合は互いに対立して、不和や危機的な状況を招いているということです。しかし、その人間レベルの背後では、意識は個々に分かれていません。たった一つの意識が存在するだけで、そこから一つひとつの存在体が異なった表現として創造されるのです。一人の人間が成長を遂げたとき、その人はこの真実を感覚としてつかむでしょう。しかしその際に個人としての感覚をなくすことはありません。これらのことは、あなたが自分の中の不調和に取り組んだときに明確に感じることができるでしょう。なぜならば、そこにもまったく同じ原理が働いているからです。

部分ごとに成長レベルが異なる意識

今のあなた方の状態は、次のようなものです。内奥の存在の一部が成長して思考や感情、意思、行動を統制する一方で、それよりも成長レベルの低い他の部分もまた思考や感情、意思、行動を統制し、それらに影響を与えています。あなたはこのように自分自身が分断されているのを感じているため、絶えず緊張、苦痛、不安が生じ、内面においても対外的にも不協和音が生じています。あなたの人格には真実の側面と、錯誤と歪みの側面があります。そのために混乱し、ひどく不安な状態にあります。たいていそれを解決するために取られる手段は、対立する片方の立場を押しのけて、もう一方の立場に同調することです。しかし、あなたの一部を否定しても、統合をもたらすことはできません。逆に分裂を広げてしまいます。あなたがするべきことは、食い違い、対立している立場を浮き彫りにし、それを直視することです。それらの相反する思考や感情の全体を直視するのです。そのとき初めて、究極の現実である統合された自己が見えてきます。おわかりでしょうが、あなたが内面における対立の本質を認識し、受け入れ、理解すればするほど、統合と平穏が訪れるのです。

外面的に異なり、別々に見える存在体たちが一体であり、かつ軋轢（あつれき）を生じていることにも、まったく同じ法則が当てはまります。それらも、姿形を超えたところでは別々ではなく、一つなのです。軋轢が生じるのは、意識のそれぞれの単位が実際に異なっているからではなく、個人の内面と同様に、顕在化した宇宙的意識の成長レベルが異なるからです。

個人の内面においても個人同士の間においても**統合の原理**はまったく同じですが、**自己の内面でそれ**

がすでに働いていない限り、他の人に働くことはありません。この真理に基づいて自己のさまざまに異なる部分と向き合い、相反する思考や感情を直視し、受容し、理解することを怠るなら、他の人との間においても統合のプロセスを実現することはできません。**この事実は大変重要であるからこそ、パスワークではまず初めに自己に向き合うことを何にも増して強調します。**そうしてこそ、人間関係は意義深く実り多いものになるのです。

不和と統合の要素

人間関係は、**一人の人間が挑戦するものの中でも、この上なく難しい課題です。**なぜならば、個人の精神に残存する未解決の問題が揺り動かされ、活性化する場所は、他者との関係をおいて他にないからです。多くの人は他者との交流を避けることで、「問題は相手が原因だ。なぜならばその人が現れると動揺して不安になるから。一人でいるときにそういうことは起こらない」という幻想を抱き続けることができます。

しかしながら、人との交流を避ければ避けるほど、交流を切実に欲するようになります。そうなるとまた別の苦しみ、つまり**孤独と挫折に苦しむようになります。**ところが、他者と交流すれば自己の内面に欠点はなく調和的に機能しているという幻想を維持することは難しくなります。「人間関係で問題が起きるのはいつも他者が原因であって、自分ではない」といつまでも主張し続けるには、正常な思考から外れていなくてはなりません。ですから、人間関係は充足感をもたらすと同時に困難な課題であり、しかも内面状態のレベルを知る手がかりとなるのです。その気になれば、**他者との関係で生じる軋轢は、浄化と自己認識の程度を厳密に測る道具にもなります。**

この課題への挑戦から身を引くことで親しい交流の機会が失われたなら、内面が抱える多くの問題は決して浮かび上がりません。関わりを避けることで内面的平穏と統一性がもたらされたという幻想は、孤独が霊的成長を促したという認識にさえつながってしまいます。これほど真理から遠いことはありません。しかしこの言葉を、ときには一人になって内面に集中して、自己と向き合うことが必要であるという助言と混同しないでください。そのような時期を交流の時期と交互に持つのは望ましいことです。交流の親密さが増すほど、精神的にさらに成熟したことを示します。

人との交流がある時期とない時期は、さまざまな段階に存在します。また、交流の度合いには非常に幅があり、外面的および内面的に完全な孤独から、極めて深く親密な関わりまでありえます。ある程度の表面的な人間関係を結ぶ能力は獲得したものの、もっと飾らず、正直にほんとうのことをさらけ出し合う関係には踏み出さない人々もいます。今の時代は、その両極端の間で揺れ動いている人が多いのではないでしょうか。

個人の成長を示す尺度としての充足感

個人がどれだけ充足しているかを測る尺度として、関わりの深さと交流の親密さ、感じることを自分自身に許している感情の強さ、そして与えたり受け取ったりすることへの抵抗のなさなどがあります。

ストレスを感じているとしたら、その人には交流がないことを示しています。交流がないということは、人間関係という課題に挑んでいないこと、それによって個人としての充足感や楽しみ、愛、喜びを感じる機会が失われていることを明確に示しています。あなたがもし自分の欲しいものを受け取ることだけが目的で分かち合っていて、しかも実は心の底では分かち合うつもりがないなら、あなたの切望はいつまでも満たされません。その満たされない切望をこのような観点からよく見つめてください。そして「自分はついていない。世の中は不公平だ」などというよくある空想にふけるのはやめた方がいいでしょう。

人間関係での充足感や満足感によってその人の成長レベルを測れることは、ほとんど見過ごされています。他者との関係はその人の状態を映す鏡であり、そのため自己の浄化に直接役立ちます。逆に言えば、徹底的に自分自身に正直になり、自分と向き合うことでしか、人間関係を保ち、心を開き、長く続く関係の中で交流を発展させることはできません。ですから、おわかりのように、人の成長において人間関係ははかり知れないほど重要な要素なのです。

人間関係は大変な影響力を持ち、かつ意義のあるものなので、内面の対立による激しい苦しみを抱えている人に対して、しばしば厳しい問題を突きつけます。交流が困難なために一人でいることを選んだ場合、満たされない切望は耐え難いほどの痛みに変わります。これを解決する方法はただ一つ、**自己の内面で起きている対立の原因を真剣に探求する**決意をすることです。その際、罪悪感や自責の念を打ち消して防衛してはいけません。当然ですが、そのようなことをすれば対立の真の核心までたどり着くことは不可能になるでしょう。このような探求をするには、孤独か交流かという二つしかない選択肢が両方とも耐え難いというジレンマの苦しみから逃れることを目標にして、進んで自分が変わろうとする姿勢で取り組まなくてはなりません。

覚えておいてほしいのですが、引きこもり方が巧妙で、いくらかの警戒感と歪んだ自己防衛として現れるのみで、外見上はそうとわからない場合があります。外見上は親しく交際しているように見えても、必ずしも打ち解ける能力や意志があるとは限りません。多くの人々にとって、親しさはひどく骨の折れることです。表面的には他者に問題があることが原因のように見えますが、実際には問題は自己の内面にあるのです。たとえ他者の側にもたくさんの欠点があったとしても……。

誰がその人間関係に責任を持つか

霊的成長のレベルが異なる者同士の関係においては、**よりレベルの高い者が必ずその関係の責任を負います**。詳しく言えば、両者の間に軋轢や不協和音が起きた場合、それを生み出している相互作用を深いところまで追究する責任があるのです。

成長レベルがより低い者は、不快さやいらだちから逃れるには相手を責め、相手に「正しい」行動を取らせるしかないという思考しか持てないので、そのように追究する力がありません。常に**二元的な観点による基本的な誤り**にとらわれていて、どのような軋轢も「どちらか一方が正しい」という観点からしか見ることができません。相手に問題があるならば、必然的に自分は無実だと考えます。ところが実際には、相手よりも本人自身のネガティブな関わりの方がはるかに大きく影響している可能性があるのです。
より霊的に成長している者は、**二元的観点にとらわれない実際的な見方**をすることができます。そしておそらく、このようにとらえます。「どちらかにより深刻な問題があるだろう。しかしだからと言って、もう一方にある、たぶんはるかに小さな問題がまったく影響していないことにはならない」。成長レベルのより高い者がその関係でネガティブな気分になったときには、相手にどれほど明白な非があっても、必ず自分の何がその状況に加担したのかを追究します。またそのための能力も持ち合わせています。一方で、霊的にも感情的にも未熟で荒削りな者は、絶えず相手を大いに責めるでしょう。このような状況は伴侶、親子、友だち、仕事上のつき合いなど、あらゆる種類の人間関係で起きます。

相手に感情的に依存してしまう傾向を克服することは成長の重要なプロセスなのですが、その傾向というのはそもそも、人間関係を築き、維持する際に自分が責めを負いたくない、自分の側に解決すべき問題を抱えたくない、という思いによって生まれることが多いのです。その重荷のほとんどを相手に背負ってもらった方がずっと楽になれると思うでしょう。しかしその代償は大きいのです！　それをやってしまえば、あなたはすっかり無力になり、孤独になるか、あるいは他者との関係でいつまでも苦しみ、衝突し続けるでしょう。自由を確立して人間関係を実りある楽しいものにするには、人間関係における自分自身の問題を直視することで真摯に自己の責任を引き受け、自ら進んで変わろうとする姿勢を見せるしかありません。

より成長している者がその人間関係に対する責任を引き受け、内面にある不和の核の部分を探すという霊的な義務をしっかり果たさないならば、一つの問題が他の問題に影響する相互作用をほんとうに理解することは不可能です。そのとき、その関係は悪化せざるを得ません。両者は共に混乱し、自己にも他者にも向き合うことがますます困難になります。一方で、霊的に成長している者がその責任を受け入れたなら、目には見えない形で相手をも助けているのです。もしその人が相手の嫌なところを延々と並べ立てたいという誘惑にのらず、内面を見つめることができたら、自分自身を格段に成長させ、平穏と喜びを伝播させることができるでしょうし、軋轢という有害なものはすぐに取り除かれるでしょう。そして、互いに真の成長ができる人を見つけられるようになります。

二人が同じ成長レベルにある場合は、二人は共にその関係に対する全責任を負います。これはほんとうに素晴らしい冒険であり、深く満ち足りた相互関係です。雰囲気がほんの少し悪くなったときにもそれを察知し、その内面的な意味を認識するので、絶えず成長し続けるでしょう。実際に意見が衝突したときであれ、一時的に気分が落ち込んだときであれ、その一時的な障害は二人で創造したものだという認識が両者にあります。相互作用によって内面で起こることは、ますます意義のあるものになります。こうして、その関係が傷つく可能性は極めて小さくなります。

ここで強調しておきたいのですが、成長レベルがより高い方の者がより低い者に対して責任があると言っても、本人の問題に関する心の重荷を他の誰かが背負うことができると言っているわけではありません。それはあり得ないことです。私が伝えたいのは、人間関係における相互作用の問題が、霊的により幼い方の者によって掘り下げられることはほとんどないということです。未成熟な者は、二人の相互作用によって自分の中に生じた不快感や不協和音を相手のせいにして、問題を全体的に把握しようという意思も、その能力も持っていません。ですから、その人は不協和音を取り除く立場にはありません。

それができるのは、内面に生じる動揺と両者の相互的影響を発見する責任を引き受ける者だけです。ですから霊的に未熟な場合は、自分よりも進化した相手に任せることになるのです。

自分よりも成長レベルの低い相手による破壊的な態度のために、成長や協調、好ましい感情などの実現が不可能な場合、あるいは交流がどうしようもないほどネガティブな場合は、その関係は解消した方がいいでしょう。原則的には、より成長レベルの高い者が解消を主導しなければなりません。それをしないならば、気づいていない弱さや恐れがあり、それを直視する必要があることを示しています。関係をこのような理由で、つまりそれが建設的でも調和的でもなく、破壊的で苦痛をもたらすものであるために解消しようとするならば、それを主導する側の者は、その前に内面の問題と相互作用をしっかりと認識しなければなりません。それにより、再び同じような傾向に基づいた同じような相互作用の関係を誰かと築いてしまうことを避けられます。またそれにより、つながりを断つことを憎しみや恐れ、逃避のための反応ではなく、成長するために決断できるのです。

破壊的な相互作用

両者の関係の問題が露わになっていて、しかも受け入れられている場合、その根底にある相互作用やさまざまな影響を調べることは大変困難です。しかしこれほど素晴らしくやりがいのあることは他にありません。これができるほどの悟りの境地に達していれば、どのような類の相互作用も恐れなくなるでしょう。あなたの気に入らない事態を相手の責任にすればするほど、そして**自分の関わり方の問題点を**

相手に投影すればするほど、それに正確に応じて問題や恐れが生じます。これはさまざまな、しかもとらえにくい形で起こります。あなたは常に相手の欠点に注目しているかもしれません。そうして注目することがあなたにとって正しいことに思えるからです。あなたは巧妙に相互作用の一方を過剰に強調したり、他方を除外したりするかもしれません。そのように事実を歪めるのは、自分の中にあるものを相手に投影し、うまく関われないことの責任を否定していることを示しています。責任を否定することで、いい関係を築くには相手の完璧性を頼りにするしかなくなり、相手がその完璧の基準に達せず失望させられたときには、恐れと憎しみが湧くのです。

皆さん、相手がどのような間違いを犯そうとも、それによりあなたが気分を害したならば、あなたの中に気づいていない何かがあるに違いありません。今私が言った「気分を害す」という言葉には、特別な意味があります。これは、わかりやすく表現され、その後に内面的な混乱や痛みを残さないような他意のない怒りのことではありません。私の言っているのは、対立から生じ、さらなる対立をもたらすような感情のことです。人々は「そっちがひどいことをしている」という言い方を好みます。**相手を悪者にするゲームはあまりにも浸透しているので、人々はほとんどそれに気づきさえしません。**一人の人間は他者を責め、一つの国は他の国を責め、一つの集団は他の集団を責めます。それが人間の現時点の成長レベルで常に行われていることです。それは**恐ろしいほど有害で錯覚的な行為でもあります。**

人々はそれにより快感を得ますが、その後に来る苦しみと取り返しのつかない対立は、すぐに消えるちっぽけなその快感とは比べようもないほど重大です。このゲームをする人は、相手と自分自身をひどく傷つけます。ですから皆さん、この責任転嫁のゲームに自分が知らず知らずに参加していることに、どうか気づいてください。

でも「被害者」であるあなたの立場はどうなるのでしょう？　あの対処すべき人はそのままですか？　被害者としてのあなたの第一の問題点は、**何が起きているかを知りさえしないことです**。多くの場合、被害者意識は感情を絡めながらひそかに、明確な言葉もなく生まれます。ひと言も発せられないまま、静かにこっそりと責任の追及が始まります。表現はさまざまですが、直接的ではありません。ですから明らかに何をさし置いても必要なのは、簡潔で明瞭な気づきなのです。それができなければ、あなたは無意識に相手と同じように破壊的な態度で反応し、事実を曲げた自己防衛をしてしまうでしょう。そうなれば、その糸が解けそうもないほどもつれてしまってから、やっと両者は行動、反応、相互作用の複雑なレベルに気づくことになるでしょう。多くの人間関係はそのような無意識の相互作用によって行き詰まってしまったのです。

責任追及が始まると、毒が拡散されます。そして恐れと、少なくとも相手に投影するのと同じだけの罪の意識も拡散されます。こうして責められ、罪を着せられた相手は、その人自身の問題や未解決の内面的対立に応じてさまざまな反応をするでしょう。その反応が事実を曲げ、無意識に相手に罪の意識を投影したものならば、それに対してさらに神経過敏で破壊的な反応が返ってくるでしょう。それを止められるのは意識的な認識だけです。それができて初めて、あなたは自分に押しつけられた重荷を拒否することができます。明瞭な言葉でそのことを正確に指摘できるのです。

どのようにして充足と喜びを得るか

人間関係が開花しつつあるときには、このような落とし穴にはまらないよう用心しなくてはなりません。罪の意識の投影はそれほど蔓延しているからです。この落とし穴は、これまでよりもはるかに見つけにくくなっています。また、投影された側の者は、相手ばかりでなく自分もその穴にはまっていないかを注意しなければなりません。私は、相手の犯した過ちについて率直に議論してはいけないと言っているのではありません。そうではなく、自分が不愉快になると、巧妙にそれを誰かのせいにすることについて話しています。これこそが取り組むべき課題です。

あなたが相手から責められ罪の意識を投影されるのを防ぐただ一つの方法は、あなたがそれをしないことです。相手の仕掛けてくる方法とは同じでなくても、そのような巧妙にネガティブな態度を取ることをあなたが自分に許せば許すほど、自分が同じことをされているのに気づきにくくなり、従って被害者になってしまうのです。考えを口に出して相手と対決するかしないかには関係なく、ただ単にそれに気づくだけで状況はすっかり変わります。自分を守ろうとせずに、自分自身の問題ある反応と歪み、ネガティブな考え方と破壊性を探し出し、かつそれらを受け入れることができれば、それに応じて他の人から罪の意識を投影される恐れも少なくなります。それができて初めてあなたは、虚偽と混乱の迷路に迷い込み、不安と自己防衛と弱さから引きこもったり、逆に攻撃的になったりすることがなくなるでしょう。そして自己主張と敵対心を混同することも、柔軟な譲歩と不健全な服従とを混同することもなくなるでしょう。

それができているかどうかで、人間関係に対処する能力の成熟度がわかります。今までとは違うこの考え方が深く理解され、実践されれば、人間の交流はより親密で充実した素晴らしいものになるでしょう。

どうすれば自分の権利を主張し、この宇宙で充足と喜びを得ることができるでしょう？　これまで私が説明した方法で人間関係に取り組まずして、恐れのない愛を持てるでしょうか？　これを学んで自分自身を浄化しないなら、親密さには常に危険がつきまとうことでしょう。どちらか一方あるいは双方が、相手に罪を着せて鞭打つ方法に頼ることになるからです。これらの誘惑を認識して解決できれば、愛、共有、そして深く満ち足りた親しさは、危険がなくひたすら前向きな力となるでしょう。皆さん、あなた自身の中にあるその誘惑を発見することが何にもまして重要なのです。

最も挑戦しがいがあり、素晴らしく、霊的に意義深くかつ成長を促す人間関係は、男女の関係です。二人の人間が愛し惹かれ合って結びつく力、そしてそれに伴う喜びは、現実の宇宙に存在することの一つの小さな側面です。まるで創造されたそれぞれの存在体がその状態の至福を無意識に知っていて、人間が使える最も有効な手段、つまり男女の愛と性でそれを実現しようとしているかのようです。男女を引き寄せる力は極めて純粋な霊的エネルギーであり、この上なく純粋な霊的境地を垣間見せてくれます。

男女が努力しながら関係を維持しているとき、至福を持続させたり、さらに拡大させたりできるかは、ひとえに互いの関わり方で決まります。喜びの持続と内面の成長には直接の関連があることに、二人は気づいているでしょうか？　二人の間に問題が起きるのは避けられないとしても、それを自分自身の内面の問題を知るために利用しているでしょうか？　二人はできる限り深く誠実に対話し、互いをさらけ出し、内面の問題を共有し、助け合っていますか？　これらの質問にどう答えるかによって、その関係が弱まるか、解消されるか、低迷するか、あるいは花開くかが決まるのです。

あなたの周囲を見渡せば、このようにあけっぴろげに自分自身をさらけ出せるほど成長した人はほとんどいないことがわかるはずです。同じように、**互いが互いを成長させる**ことで感情や喜びは濃密になり、愛と尊敬が持続することを理解している人も、ほとんどいないでしょう。ですから関係が長期に渡れば、ほとんどの場合、多かれ少なかれ感情が失われてしまうのは驚くに値しません。

人間関係で起きる問題はすべて、何かが見過ごされ対応を必要としているという警報です。聞く耳を持つ人には、それは甲高く鳴り響きます。それに気づくのが早ければ早いほど大きな霊的エネルギーが解放されるので、その結果両者の内面と至福は拡大するでしょう。男女の関係には、まるで精密に調整された計測器のような機能があり、二人の関係の極めて微細な側面とそれぞれの個人的な状態を示すことができます。このことは十分に認識されておらず、他の霊的、心理的な真実には詳しい自覚的で洗練された人々でさえわかっていません。いつの日もいつのときも、内面の状態と感情はその人の成長度を表示します。それに留意すればするほど、それに応じて交流、感情が活発になり、自己の内面と二人の間にはますます自由な流れが起きるでしょう。

極めて成熟し、かつ霊的に意義深い人間関係は、必ず個人の成長に深くつながっています。人間関係が内面の成長とは無関係なものとして経験され、言うなれば放っておかれたなら、その関係は行き詰まるでしょう。二人が自分の能力の許す限り成長することを目指せば、その関係はますます活気あるいきいきとしたものになります。このワークは二人がそれぞれに行い、かつ相互的にも行わなければなりません。このように関係に取り組めば、それは砂の上でなく岩に築かれたものになるでしょう。そうなれば、もう恐れの入り込む余地はありません。感情は豊かになり、自己と相互の安全はより確かなものになるでしょう。どんなときも互いが互いの内面を映す鏡となり、それゆえその関係の鏡ともなるでしょう。

ギクシャクしたり対話がなくなったりしたときは、決まって何かが滞っている証拠です。二人の間に明らかになっていない相互作用があり、それに目を向ける必要があります。それが解明され明るみに出されたなら、飛躍的に成長できるでしょう。そして感情の次元においては、喜びや至福、奥深い経験、エクスタシーはどこまでも深く素晴らしく、人生はより意義深いものになるでしょう。

また、反対に親密さに対する恐れがあるならば、関係に生じる問題の一部が自分の問題でもあることを頑なに認めようとしないことを暗示しています。これらの原理を無視する人、あるいは口先だけで同意する人は、二人の関係の苦しみにせよ、関係が持てない苦しみにせよ、自分自身の中にあるその苦しみの責任を取るには感情面でまだ未熟なのです。

ですから皆さん、何にもまして理解するべきなのは、**孤独感や人間の交流の問題を解決する手がかりを自分自身の心の中に探し求めれば、霊の不変の性質である至福と美は誰でも手に入る**ということです。**深い充足、旺盛な活力、至福と歓喜に満ちた関わり合いと同様に、真の成長は霊の本質です。**このような姿勢で人と関わる覚悟が内面でできたとき、**あなたはこの共有の方法を実践するにふさわしい相手を見つけるでしょう。**この極めて重要な手がかりを活かす際に、あなたはもうびくびくせず、意識的にも無意識的にも恐れを抱くことはないでしょう。あなたの生き方にこの著しい転換が起これば、もう無力になったり、被害者になったりすることはあり得ませんし、あなたが体験したこと、体験し損ねたことを誰かの責任にすることもなくなります。こうして充実した素晴らしい生活と成長とが別々でなく一つになるのです。

あなた方全員が、この新しい情報とあなたの善良な意思によって目覚めたエネルギーを身につけられますように。私の発した言葉により新しい内面的態度で生き始め、「私はいい気分を犠牲にしてもかまわない。私は原因を相手ではなく自分の中に探そう。自由に愛せるようになるために」という決心ができますように。このような瞑想は確実に実を結ぶでしょう。このレクチャーのほんの一部でも自分のものにしていただけたら、このレクチャーは大いに成功したことになります。私の大切な友人である皆さんに祝福がありますように。そしてあなたの本性である神に近づきますように。

4章のまとめのエクササイズ

1. 第4章を読んだ後、自分自身の人間関係を評価してください。

- 人間関係のどんなところが楽しくて充足感がありますか？　どんなところに充足感が持てませんか？
- あなたの人間関係で、どんなところに緊張や重圧や対立がありますか？　それらを一つひとつ挙げてみましょう。

• あなたが挙げた緊張や対立には共通の特徴、あるいは似通った感覚がありますか？　それを自分の言葉で表現してみましょう。

2. あなたの人間関係の中で、難しく感じている関係を一つ選んでください。そして次の質問に対し、時間をかけてゆっくり考えてみましょう。それにより、その難しい関係が映し出している「自分の内面の乱れ」を発見してください。

その際に、自分自身を裁かないようにしましょう。興味と忍耐と優しさを持って考えてください。急いではいけません。必要なだけたっぷり時間をかけてください。

• その関係のひどく厄介なところはどこですか？　なぜ厄介なのでしょう？

• あなたが困って不愉快になる原因が相手に（または自分に、あるいは双方に）あると考えるのは、その人（または自分）の何が悪いと思っているからなのでしょう？　それを見つけるために、「三つの椅子に座る意識」の手法（訳者注：自分の中のハイアーセルフ、大人のエゴ、子どもの思考の三者に語らせる）を使って、自分の中の未熟な部分を浮かび上がらせてください。あなたにはその声が聞こえるでしょうか？　その声は何と言っていますか？　それを聞いてどんな気持ちになりますか？

・相手に何かを投影しているとしたら、それは何でしょう？（たとえばあなたの中にある、あなたが受け入れていない、または直視したくないものですか？　あるいは、あなたが感じないようにしている苦しみや悲しみですか？）

・あなたは相手にどんな理不尽な（子供じみた）要求をしていますか？　もしその要求が通らなかったら、どうなると思いますか？

・どんな感情も起きるに任せましょう。自分が思い違いをしていないかに注目しましょう。

終わったら、このエクササイズをする中で、何が自分にとってもっとも重要だったかを書き記してください。それは何でしたか？

3．瞑想と心構え

毎日五分間だけ時間を割いて、人間関係、特に問題のある関係に対するワークをしてください。できるだけ日数をかけましょう（朝でも、寝る前でもかまいません）。

本章には次のような目標が述べられていますが、これについて思いめぐらせ、あなたの魂の中に焼きつけてください。そしてあなたの中のハイアーセルフに呼びかけ、これができるように手助けをしてもらいましょう。

「私はいい気分を犠牲にしてもかまわない。私は原因を相手ではなく自分の中に探そう。自由に愛せるようになるために」

これに応えて、あなたを助け支えてくれる存在がいます。あなたのハイアーセルフは、あなたが目指すことを決して拒んだりしません。

ロレイン・マリノ

第5章 相互性――宇宙の原理と法則

皆さんこんにちは。皆さんの一人ひとりに祝福と愛がありますように。今日のレクチャーのテーマは相互性です。このテーマを三つの部分に分けてお話しすることにしましょう。まず初めは宇宙の原理と法則としての相互性について、次に、その法則はどのように人間の生活に顕在化するかについて、そして最後に、相互性の均衡が崩れる原因はどのようなもので、どこから発生するかを説明します。

相互性が存在しなければ、いかなる創造も起こりません。相互性とは、見たところは、つまり表面的には異なる二つの存在体や側面が結合して包括的な全体になるために、互いに近づいていく活動のことです。二人は互いに心を開き、協力し、影響を与え合うことで、新しい聖なる創造物を出現させます。**新たな自己表現の形態は、自己が自身を超えた何かと融合することでしか生まれません。**相互性とは、二元性と統一性との間に橋を渡す活動です。分離があるところには、必ず分離をなくすために相互性が生じます。

銀河にせよ、芸術品にせよ、素晴らしい人間関係にせよ、相互性がなければ何も創造されません。これは極めて単純な物体の創造にさえ言えることです。まず初めに、その観念が心の中に形成されます。

心はすでに存在するものについての認識を超えていくために創造的なインスピレーションと想像力を使います。それらがなくては、計画さえ立てられません。次に、そのような創造性は、相互性の二つ目の要素である実行性と共同で働くことになります。実行性とは、労力や努力、忍耐、自己鍛錬のことです。第一の要素である創造的思考とインスピレーションは、第二の要素である実行性の働きなくして創造を完成することはできません。

人間は以下の二つの原因により、創造性が発揮されていません。まずは、自分自身の創造的なアイデアを実現するには自己鍛錬が不可欠であるにもかかわらず、それをやりたがらないことです。もう一つは、感情的、霊的にあまりにも収縮しているために、個人の創造性の水路が開かないことです。内面の対立を解消することで健全になりバランスを取ることができれば、人はその個人的創造性の放出口を見つけ出し、そこからは極めて深い満足感がもたらされるのです。

架け橋としての相互性

人間関係の領域においては、創造の二つの要素の不均衡が特に目立ちます。初めのうちこそ二人は創造的かつ自発的に、何の努力もなしに惹かれ合い愛し合いますが、そのつながりが持続することは稀です。ほとんどの場合、内面に潜む葛藤を解決する作業を怠ってしまうからです。その人間関係がこの先どうなるかは自分の預かり知らぬことだと、多くの人はまるで子どものように考えています。人間関係は自分と離れて存在していて、改善するにせよ悪化するにせよ、勝手に展開していくものだと思っているのです。

相互性は、統合に至るための架け橋です。与え、受け取り、協力し、積極的に心を開くという調和的なやりとりの中で、二つの拡大の活動が互いに向かって流れ出さなくてはなりません。二つの「受容(イエス)の流れ」、つまり相手を肯定する意志の現れが互いに向かって流れる必要があります。喜びを受け入れ、支えて維持する能力は徐々に獲得していくしかなく、達成することが極めて難しい目標です。それができるかどうかは、ひとえにその人の霊的、感情的な健全性にかかっています。それゆえに**相互性が機能するかどうかは、その存在体に機会が訪れたときに「イエス」と言えるかどうかにかかっているのです。**

これがこのレクチャーの第二部へとつながります。

人間の現在の成長レベルにおける相互性の原理

相互性には三つの段階が存在します。

成長レベルが極めて低く、恐れと思い込みでいっぱいの人は、ほんの少ししか拡大できません。拡大と相互性とは互いを必要とし合うので、拡大が拒否されればされるほど相互性も機能できなくなります。あなた方もご存知のように、人間は誰でも心を開くことにいくらかの恐れを抱いているものです。自分ではそのような恐れに気づいていない場合もあるかもしれません。あるいはうすうす気づいていても、それを認めるのは恥ずかしいので、適当な理由をつけてごまかしていることもあるでしょう。自分にはひどく駄目なところがある、立派な人はこうではないはずだ、と考えるかもしれません。ですから、誰にも自分のその汚点を察知されてはならないのです。ところが内面に対するワークを続けることで、あなたはその問題が万人に共通のものであることを全面的に認め、受け入れ、きちんと理解するようになり、自分が心を開いて拡大することを恐れているという事実を認められるようになるでしょう。時おりあなたは自分の恐れをはっきりと白覚し、自分がエネルギーや感情、生きるために不可欠な力を抑制していること、そしてそのように制御することで安全が保たれると信じていることに気づくでしょう。その状態が長引けば、相互性に問題が起きてくることになります。

極めて成長レベルが低く、自分の内面の真実に極めて無知な人は、どのように拡大することもできない状態にあり、それゆえ相互性も機能しないでしょう。だからと言って、相互性への切望がないわけではありません。**そのような思いは常に存在しています。**ところが中には拡大と相互性への切望を何とか押し殺してしまう存在体もいます。彼らはおそらく自分の人生に大きく欠けているものがあることに気づかないまま今世を終えるでしょう。距離を置いて孤独でいれば脅威は減るので、つまり減るように思えるので、そのまやかしの安全で満足するのです。

しかし、そこから少し成長すると、その切望は以前よりも強くなり意識にのぼるようになります。その度合いと様子は千差万別です。わかりやすくするために極めて単純に言うと、この**二番目の段階にある人々は進んで心を開こうとしますが、実際に相互性の機会に出会うとまだ恐れを感じます。この段階にある人が拡大と一体化の至福と喜びを感じられるのは、空想の中だけです。**

このような状態にある人のほとんどは、体験が頻繁に揺れ動きます。この段階の人は、自分が相互性を強く切望するようになったのは、それを実現する態勢が自分の中にできたからだと確信します。ところが結局その素晴らしい体験をするのは、空想の中なのです！　現実の世界でそれを体験できないのは、運悪くその空想を現実化できるような相手とめぐり合っていないからだと考えます。ところがついに相手が現れると、かつての恐れが大暴れするのです。魂の活動は収縮し、空想は実現できません。ほとんどの人は外部的な状況をあれこれと持ち出して、それができないことの言い訳をするでしょう。そしてたぶん、それらはほんとうのことでしょう。実際にはその相手は問題が多すぎて、夢の実現に役立ってくれないのかもしれません。ところがその事実が示しているのは、本人の精神の深いところにある力が働いて、そのような収縮を正当化できそうな相手を確実に引き寄せた、ということではないでしょうか？　なぜならば、深いところの自己は、人の立ち位置が常にわかっているからです。より深い課題に真摯に立ち向う意欲がまだ持てない場合には、エゴの存続のために欺瞞や言い逃れがどうしても必要なのです。しかし人間関係の失敗は常に、自己が真の相互性を実現する態勢になれていないことを示しています。

ほとんどの人は、孤独になって相互性を強く切望する期間と、一時的にそれらしきものを達成できる期間とを交互に繰り返します。しかし外面的または内面的な妨害があるため、十分な達成には至りません。それによる失望は無意識に抱く恐れをいっそう正当化し、その結果、心を開いて人生の流れに乗ることを断固として拒むかもしれません。この段階で袋小路に入ってしまった人の苦しみと混乱は、多くの場合大変に深刻です。しかしその苦しみと混乱は、やがて自己に対するワークを推し進め、揺らぎの内面的原因を全力で追究することにつながるでしょう。

この段階にどのような意味があるかは、ほとんど理解されていません。苦しみ混乱するのは、揺らぎのほんとうの重要性が認識されていないからです。人は成長するにつれて、孤独な期間とはある程度安全な状況で心を開くための機会であり、かつさほど危険を冒さずに達成の方法をいくらか疑似体験するための機会でもあることに気づきます。そのとき、自己理解はまさに飛躍的に進んだことになります。同じように、いくつかの試験的な関係で直面した問題に、実はほんとうに重要なことが隠れていたことに気づいたときにも、同様の飛躍が起こります。交互に入れ替わる孤独の期間と関係を持つ期間には独自の安全弁が備わっていて、相手から距離を置いて自己の存続を図ると同時に、その存在体がどれくらい相手に接近する準備ができるかに応じて冒険できるよう弁を開くのです。

しかし個人の進化がある地点に達すると、この揺らぎの苦しみが十分認識できるようになります。この認識は、相互性と達成を学び、相互にやり取りをして拡大し、協力して確かな喜びを得ようとする努力につながります。そのためには、まやかしの安全が与えてくれるネガティブな心地よさを必ず手放さなければなりません。それにより魂には、学び、試み、思い切って相互性や愛、喜びを実現し、あけっぴろげな状態でも安全に機能するための準備が整います。

第三の段階では、人々は実際に相互性を維持できるようになります。空想の中だけでなく、切望しているだけでもありません。言うまでもありませんが、地球における安定した人間関係のすべてに真の相互性が存在するわけではありません。実際には、そのような関係はごくわずかしかありません。ほとんどの関係は異なる想定のもとに築かれます。あるいは初めは相互性を実現したいという動機があっても、持続できずにあきらめ、他の思いが取って代わります。

相互性に関しては、人間は基本的にこの三つの段階を通過します。もちろん、これらの段階はこの説明の通り厳密に区別されるわけではありません。しばしば重なり合ったり、揺らいだり、入れ替わったりします。一人の人格の中の各レベルにさまざまな度合が存在します。ある人のあるレベルに当てはまることが、他のレベルにも当てはまるとは限りません。

人間関係の相互性を阻むもの

では、このレクチャーでおそらく最も重要な第三部に移りましょう。二人の間の相互性を妨害しているのは何でしょう？　人々が抱える問題を挙げればほとんどのことは説明できるでしょうし、それは部分的には非常に的を射ているでしょう。ところが、実際にはそれで十分ではありません。

相互性をどれだけ実現できるかは、その個人が隠れていた自分自身の破壊的側面を知り、それとの接点をどれだけ持てるかによって決まります。反対に、善良であろう、愛そう、礼儀正しくあろうとする**意識的な**努力と**無意識な**破壊性への傾倒との間に溝があると、相互性は生じることができません。ここで強調しておきたいのは、相互性が起こらないのはネガティブな側面が存在するからではなく、**その側面に気づかないから**であるということです。この違いは非常に重要です。**ほとんどの人はこの問題に正反対の方法で取り組みます。いまだに残る邪悪さを一掃することが先決だ、そうしなければ相互性がもたらす至福を受け取る資格はない、と信じているのです。**内面の邪悪な部分を認めるのは大変恐ろしいので、意識的な自己の認識と無意識的な自己の否認との溝は、時が経つにつれ深まるばかりです。

もしあなたが自分の無意識から分断されているなら、心の奥底では自分の中にあるとわかっている何かを行動で表に出しているに違いありません。誰かを相手にそれを行動として表し、その結果、相手の隠された無意識のレベルに影響を与えています。先ほどお話ししたようにしてこの状況を解決しなければ、その関係は行き詰まるか、あるいは淀むかしかありません。ほんとうの意味の相互性は機能できないでしょう。ですから、**あなたの中に無意識に存在する破壊性との接点を広げることが非常に重要なのです。**意識できる善良性と意識できない邪悪さとをつなぐのは、人々にとってほんとうに難しいことのようです！　どれだけの悪戦苦闘があり、どれだけ多くの人がその探求をすっかり投げ出したいと思うことでしょう。今まで認めたくなかった自分自身の側面を受け入れることはあまりにも苦しく、困難なことです。しかし、それをしなければほんとうに生きていることにはなりません。

あなたが自分自身について十分に認識しない限り、意識できる自己と意識できない側面を含むほんとうの自己との分裂は、あなたと相手との分裂として現れます。ほんとうの自己を意識できるようになれば、その溝は修復されます。つまり、意識がその溝を埋めていくのです。意識は最終的に、以前には否認されていたものを受け入れるように導きます。自分自身に対する非現実的な基準や要求、期待があるために、自分と自分のすべての側面との間に相互性が存在しない場合、あなたと相手との間にも決して相互性は存在しません。

自分の中の邪悪さを排斥すれば、自分と自分自身との間に相互性は生じません。**邪悪さには生きるための独創的な創造エネルギーが内包されているというのに、邪悪さが排斥されれば、それは見捨てられることになります。**あなたが全体のあなたになるためには、このエネルギーを使えるようにしなければなりません。このエネルギーを変容させるには、その形が歪められていることに気づくしかありません。

しかし、今そのような姿で現れているそれを排斥したなら、それをもとの形に戻すことなどできるでしょうか？　それゆえ、あなたはあなた自身の中で分裂したままなのです。そしてその分裂が意識されなければ、それはあなたの人間関係、あるいは人間関係の欠如として姿を現します。あなたの中にある独特な特徴がどれほど邪悪で受け入れがたいものであろうと、望ましくない破壊的なものであろうと、それは生きるために不可欠な生命力であるエネルギーと成分からできていて、それがなければあなたは十分に機能できないのです。全体的なあなたでいなければ、喜びを維持することはできず、すべてを意識できなければ全体的なあなたにはなれません。そうなって初めてあなたは拡大の活動を邪魔しなくなり、あなたがあなた以外の存在体の宇宙へと流れ出ることを妨害しなくなります。そのときあなたは、心を開いて相手からあふれ出るエネルギーと魂の活動を受け入れるでしょう。

内面的ワークの秘訣

自分自身が分裂していれば、他者と一つになることもできません。それを期待するのはひどく愚かなことです。**しかし、自分の中を完全に統合しなければ何も始まらないと考える必要はありません。**現時点であなたが関わっている人間関係を顧みることで、自分の内面はどこで分裂しているか、自分自身の中のネガティブな要素をどれくらい受け入れられるかを推測することができます。それによりあなたは成長し、自己をより受け入れるようになるでしょう。同時に、自己を受け入れれば受け入れるほど、相互性を実現する能力も育っていきます。あなたの人間関係は改善し、今までよりもはるかに意義深いものになるでしょう。あなたの中にあって意識することを拒否され、排斥され続けてきたそれがどのようなものであろうとも、それを受け入れると、あなたが向き合わざるを得ない他者をより深く受け入れ理解するようになります。そのとき、相互性が機能するようになるのです。

同様に、「自分を受け入れ、愛し、信頼し、尊重するには、私は完璧な人間にならなければならない」と考えて自分の邪悪さを受け入れないならば、あなたはまったく同じような態度で他者と接することになります。相手が実際には完璧からほど遠いとわかってくると、あなたは自分自身を排斥してきたように相手を排斥します。違うところは、自分自身をそのように扱っていることには、普段は気づかないようにしていることです。これは大変不幸なことです。あなたは自分が不完全な自己を排斥していることを見ないように努め、相手の不完全な自己もありのままに見ようとしません。理屈を並べてごまかしてしまいます。それによりあなたは自分の中に溝を作り、相互性と至福の実現を不可能にするのです。

私が述べていることは、内面のワークをする際に誰もが使える、非常に実用的で即効性のある秘訣です。あなたと家族、パートナー、仲間、友人、仕事上の知り合いなどとの関係をよく見てください。普段の生活の中で誰かに悩まされたときに、自分が相手とどのように関わるかを詳しく見てごらんなさい。実際の相手を、あなたはどれだけ心の底から受け入れることができるでしょう？　この質問と真摯に向き合い、自分が受け入れていないことに気づいたら、あなたはこの秘訣を使ってみることができます。もちろん、言い訳や正当化、合理化で頭をいっぱいにしてそれを見ないようにすることは容易です。そのためには厳しい自責の念さえも利用するかもしれません。なぜならば、自分を責めることは自己を受け入れることだと勘違いされやすいからです。ところが自責の念は、わかりやすい自己否定と同じくらい自己の受け入れとは異なるものです。ほとんどの人は、深い感情のレベルにおいては、なかなか他者をありのままに受け入れようとしません。自分が不寛容で批判ばかりしていることを徐々に自覚できてくると、それと同時に、あなたはまったく同じことを自分自身にもしていることに気づき始めるでしょう。

もしあなたの人間関係が深みや満足感、親密さに欠けた薄っぺらでつまらないもので、そこでは表面的な自分しか出さず、唯一受け入れ可能な部分だと思われる理想の自己イメージしか見せていないなら、ここでもあの便利な物差しを使って自分の内面の状態を知ることができます。あなたは自分自身を受け入れられないので、そのような機会を利用することさえしません。それゆえ飾りを取ったほんとうの自分が受容し得るものだとは信じられずにいるし、他者をも成長レベルが低いと感じて受け入れられないのです。これらすべてが相互性を排除しています。

心を開いて受け入れる、つまり自分とは別のエネルギーフィールドへと入って行き、その相手の放つエネルギーを受け取ることがもたらす、ゆったりとした至福――この至福は、自分自身を憎む人にとっては耐え難いもので、危険なものに見えます。一時的に心を開くことはあっても、その度にすぐ収縮してしまい、自分は邪悪でその至福に値しないので、そのようなことは起きないと感じるのです。しかし、実はその原因は、今あなたの中にあるすべてのエネルギーをありのままに受け入れられないからです。そのためあなたは収縮したままで、それらを拡大へと転換できないのです。

ですから、相互性の原理は、まず初めにあなたとあなた自身との関係で実現されなければなりません。そうしてこそ、それを他者との関係にまで広げられます。しかし、高次の意識の広い観点から言わせていただくと、**あなた方にはあらゆるものがほんとうに別々に存在しているように見えることと思いますが、それはあなたとあなた自身とが別々ではないのと同様に、幻想なのです。**そのような幻想はあなたの創作であって、それが現れる原因はただ一つ、何かが否定されているからです。目をふさいで、たまたま今の段階にいるあなたの人格のすべてを認識しないことにより、あなたは受容できる自己とできない自己という二つの自己らしきものを創造します。しかし実際には二つの存在体があるわけではなく、今あなたが認めようが認めまいが、それらは両方ともあなたなのです。あなたはほんとうに二人いるのですか？　もちろん、違いますね。別々に見えている存在体のどれもこれもが、それと同じ幻想の延長なのです。その分離した状況も、心が勝手に創作した構造です。実際には、それらに境界は存在しません。今の段階の皆さんにとって、そういう感覚を持つのは難しいかもしれません。しかし人間が分離の幻想の中で生きているという事実に変わりはなく、それにより苦しみや争いが生じています。**ほんとうはすべてが一体であり、それぞれの存在体は宇宙にあるそれ以外のすべての存在体とつながっています。**これは単なる言葉の綾ではありません。一つの意識が、宇宙とその中に存在するすべてのものに浸透しています。でもあなたがこの統一性を最初に体験できるのは、あなた自身のいかなる部分も排除されず、否定されず、分裂がなくなったときです。

では、このことについて何か質問はありますか？

エネルギーの流れと相互性

質問：肉体、精神、霊、それぞれのレベルでの相互性を、エネルギーの観点から説明していただけますか？

エネルギーの視点から見ると、拡大の活動とは積極的に外へと向かう動きのことです。二人の別々な人間が相互性の中で互いに心を開き、収縮せず、開かれた流れを受け入れることができたとき、一方から流れ出るエネルギーは他方のエネルギーフィールドに浸透し、他方からも同じことが起きます。エネルギーは絶え間なく流れ込み交流します。二人が互いに距離を置いて収縮し、相互性を受け入れないならば、このようなことは起きません。周囲に壁を築いて島のようになり、二人の間で交流するエネルギーはほんの少しか、あるいはまったくないでしょう。エネルギーの交流が遮断されれば、偉大な進化の計画は停滞してしまいます。

相互性が起こりそうにないときにしか心を開くことができない場合、つまり相互性への恐れが消えないために「受容（イエス）」の流れを「拒否（ノー）」の流れにぶつけざるを得ない場合、一方から流れ出たエネルギーは、波打った後に相手の閉ざされたエネルギーフィールドに跳ね返されて戻ってきてしまいます。相手のフィールドは、まるで流れ来るものをすべて跳ね返す壁のようです。ですから、二つの流れは決して一つになることはありません。私たちはこの現象を日常の中で容易に見つけることができます。たとえば、片思いの恋しかできない人々や、相手の恋愛感情が高まってくると、なぜか自分の方は冷めてしまう人々です。進行中の関係にも同様のことが起きていて、一方が心を開くと相手は閉じたり、逆に相手が開くともう一方が閉じたりします。この状態を変え、双方が心を開いた状態を安定させるには、着実に成長するしかありません。

感情的および霊的レベルでは、最も低次の段階にあるときには強烈な恐れがあります。**今の段階にある自己を受け入れることの恐れは、真の相互性と至福から逃れようとする恐れと本質的には同じものです。**恐れを感じると憎しみが生じ、憎しみからさらにさまざまな感情が生じることになるでしょう。

精神のレベルにおいては、今のあるがままの自己を受け入れなければ理解できないものを即座に説明しようとして、この逃避のプロセスに巻き込まれます。思考が次から次へと湧いてくるために、自己の中の高次の声、つまり宇宙の深い真実を聞くことができなくなります。こうしてさらに分離が生まれます。思考の雑音は、感情とのつながり、およびその状況を初めに創造したときの状態とのつながりをさらに希薄にします。その存在体は、自らの選択の結果、常に焦燥感と不満を感じながら過ごさざるを得ません。当然ながら、このような状態は体の中にブロックを生み出します。

心を開くことと収縮が交互に起きる第二の段階では、思考は混乱します。自己がその最悪の部分も含めて受け入れられない限り、真の答えはどこを探しても見つかりません。思考の混乱により、焦燥感と怒りが強まります。いつも相互性を逃してしまう原因をあれこれ考えても、それらは真実ではないので、焦燥感は募るばかりです。そして、それにつれて怒りと憎しみも強まります。感情のレベルでは、幻の充足を感じては切望したり失望したりすることが繰り返されます。この状況は、ある程度心が開かれ、流れていることを示しますが、まだ引きこもって収縮しており、ほんものの相互性ではありません。そしてここでも怒り、憎しみ、失望、非難が生じます。

自己を受け入れることで相互性が機能できるようになり、エネルギーがやり取りされると、宇宙の活動は規則的に流れるようになります。拡大と収縮が健全に交代し、静的原理が圧倒し、宇宙と調和した永遠のリズムの中にいる自分を感じます。

私の大切な皆さんに祝福がありますように。このレクチャーがあなたの内面を照らす小さな灯りとなり、あなたに希望と強さを与えますように。そして別の観点から人間関係のあり方を示し、あなたが今のあなたをそのまま受け入れる方向に強く導くことができますように。勝手な見方をしたり、言い訳をしたりせずに、ありのままを見てください。不完全さを飾りでごまかすことも、それを拡大視して恥と恐れに身をすくめることもせずに、とことん受け入れてください。こうした歪みはすべてなくならなくてはいけません。なぜならばこの歪みは、あなたが憎んでいるあなた自身のどのような側面よりも破壊力のある罠だからです。このような向き合い方があることを発見して実行したなら、あなたは幸せと真実を見出し、あなた自身と、さらに宇宙とも一体化できるでしょう。

5章のまとめのエクササイズ

「相互性が存在しなければ、いかなる創造も起こりません。相互性とは、見たところは、つまり表面的には異なる二つの存在体や側面が結合して包括的な全体になるために、互いに近づいていく活動のことです。二人は互いに心を開き、協力し、影響を与え合うことで、新しい聖なる創造物を出現させます。新たな自己表現の形態は、自己が自身を超えた何かと融合することでしか生まれません」

エクサイズ1

静かに座り、レクチャーの次の言葉を思い浮かべてください。

「相互性は宇宙の原理であり法則です」

ガイドはこのテーマについて、三つの部分に分けて説明しています。初めの部分では、相互性を宇宙の原理および法則として説明します。次に、この法則が人間の生活においてどのように現れるかを、そして最後の部分では、相互性の法則を乱すものはどこから生じ、どのような性質を持つかを説明しています。

相互性が存在しなければ、何も創造されません。新しい銀河も、芸術作品も、良き人間関係でさえも。

相互性による創造には、二つの要素があります。

一つは観念です。まず初めに頭の中に観念が形作られます。これは創造的なインスピレーションと想像力の働きです。もう一つの要素は、その観念が次のステップである実行と溶け合うことです。

要素1：あなたが切に望んでいることを思い浮かべてください。それは愛し合うこと、小説を書くことかもしれません。それ以外のものでも、このエクササイズのために何か一つ選んでください。あなたの創造性を自由に彷徨わせてみましょう。あなたが望むこと、創造したいことについて書いてみましょう。

要素2：実行。それを現実化させるためには、どんなことを惜しみませんか？ ガイドが言うには、現実化のためには、忍耐、自己鍛錬、段階を飛ばさないこと、苦労、努力などが必要です。それを書くことで内面を見つめてください。

エクササイズ2

「相互性とは、二元性と統一性との間に橋を渡す活動です。分離があるところには、必ず分離をなくすために相互性が生じます」

相互性の三つの段階

第1段階：一人でいる時期と相互性を切に求める時期が交互に訪れる。人から距離を置き、一人でいることによって偽りの安全を確保する。

第2段階：相互性を求める気持ちが高まり、強く意識するようになる。空想の中で相互性を思い描くことはできるが、実際の人間関係で相互性を受け入れるのはまだ恐れている。

第3段階：相互性の実践。相互性を受け入れるため、そしてネガティブな喜びを手放すための努力に、積極的にエネルギーを注ぐようになる。愛するという危険を冒し、心を開いて生きる。

ガイドは、「人間関係において相互性をどれだけ実現できるかは、その個人が隠れていた自分自身の破壊的側面、つまり残忍性を知り、それとの接点をどれだけ持てるかによって決まります」と言います。これは、すべての人間は多かれ少なかれ破壊的側面を持っているので、あなたにもそれがあることが問題だと言っているわけではなく、白分自身の中にあるそんな破壊性の自覚を抑圧していることが問題だという意味です。それによりブロックが生じます。その結果自分のネガティブ性を他者に向かって行動で表すことになり、相互性の実現を妨げるのです。

1. 現在難しいと感じている人間関係を一つ思い浮かべてください。それはどんなふうに難しいかを手短に書いてみましょう。
2. 自分の中の相反する思いを見つけましょう。善性、愛、優しさ、相互性の受容（イエス）に向かって努力したい思い。その一方で、憎み、否定し、破壊し、相互性を拒む（ノー）無意識のネガティブな思い。

自分自身にこう尋ねてください。私は実際の相手を、どれだけ本気で受け入れようとしているだろうか？　相手の中にある、私が好ましく感じ、優しくできるところだけに「イエス」と言っていないだろうか？

次に、自分の人間関係に自分自身が持ち込んでいる破壊性や残忍さとは何かに気づくために、相手のどんなところを否定しているかを考えてみましょう。

3. その関係において、あなたは相手のどんなところを非難しているでしょうか？

4. あなたは相手をどう裁き、どんなイメージで見ているでしょう？　あなたがその人に感情的に反応してしまうのは、どんなことについてかを感じ取ってください。それらを書き出してみましょう。これはゆっくり時間をかけて行い、すでにわかっている以上のことを探してください。その人との間で、あなたはどんな残忍さを発揮しているでしょう？

5. 相手の中にある、あなたが悪と見なす側面は単に人間的なものであり、あなたの中にもあるのに、「理想の自己イメージ」が見えなくさせている側面ではありませんか？　この状況は、あなたがあなた自身を裁いている様子を映し出していませんか？　相手に対する批判の一つひとつについて、これを行ってください。あなたの中で、「ほんとうの私がそうなら、死んだほうがましだ」のような声が聞こえてきませんか？

6. 発見したことについて、数分間じっくり考えてみましょう。

7. あなたが非難している相手の破壊性とまったく同じ破壊性を、あなたもその関係に持ち込んでいないかどうかを確かめてみましょう。このエクササイズは、時間をかけて、具体的に忍耐強く行ってください。

このエクササイズを行う際、自分自身を受け入れていない自分に気づいてください。「自分自身を受け入れ、愛し、信頼し、尊重するには、私は完璧な人間にならなければならない」と考えているなら、「あなたはまったく同じような態度で他者と接することになります。相手が実際には完璧からほど遠いとわかってくると、あなたは自分自身を排斥してきたように相手を排斥します」

8. もしあなたが自分自身を受け入れよう、そして同じくらい相手のことも受け入れようと思えたら、その関係はどう変わると思いますか?

エクササイズ3

1. さて、自分が相手にネガティブな態度で接していることに気づいたならば、自分自身にこう尋ねてみましょう。「ネガティブな喜びと、ネガティブさがもたらす偽の安心感を、私は進んで手放せるだろうか?」
2. もしそれができそうなら、心を開き、危険を顧みずに相互性、愛、喜びを迎え入れる覚悟はありますか?
3. そのような気持ちになれて、愛、相互性、そして真の喜びを実現させるために積極的に努力している自分を思い描いてください。

アイリーン・ケイニグ

第2部

充実した関係を妨害するものの発見と克服

このレクチャーでは、私たちを互いに分断させている一般的な信念体系、子どもじみた期待、矛盾する感情、そしてネガティブなパターンについて詳しく説明されます。なぜ人間は他の一人の人間と一つになることがこれほど難しいのでしょうか？

「無意識」という言葉は今日では広く使われるようになりましたが、普段の私たちが知り得ない膨大な量の感情や思考が存在することの意味をきちんと理解している人はほとんどいません。知り得ない無意識の内容が本人の世界観や行動、人生全体に影響しないならば、何も問題はないと思うかもしれません。ところが、影響するのです。しかも復讐という形で……。ですから、無意識の内容が表面に浮上することを許し、自分自身にさえ隠していた魂の秘密を知ることは、非常に重要なのです。

このレクチャーでは、内面の領域をひと通り探訪した後、無意識の中身を解放し、手に取って調べるにはどうすればいいかを詳細に説明します。そこにあるものをひとたび知れば、内面にある壁は崩れ始めます。そのとき、自己変容のワークを開始できるのです。

より高次の意識からは、人間生活を広い視野で眺めることができます。健全な領域も欠陥のある領域も含む、魂のすべてが見えます。そこは霊と感情の沼地であり、満たされない人間関係の種が潜んでいる場所です。

自分はほんとうは何を感じ、考え、欲しているのかを、自分自身がほとんど知らなかったことに驚くでしょう。自分は何者か、パートナーや友人に対して自分は何をしているかをようやく本気で見出そうとしたとき、子どもじみた中途半端な想定、混乱した感情、根拠のない恐れと罪の意識、自分を責めるパターンなどが表に出てきます。私たちは皆人間ですから、私たちが抱えるほとんどの問題には共通の根っこがあります。そのことは、私たちに特徴的な内面のねじれやもつれを見つけようと奮い立たせてくれます。

最初に取り組むべき課題は自分の魂を癒すことですが、それは自分の内面がすっかり調和するまで人間関係を持つべきでないという意味ではありません。人生は生きるためにあるのですから。でも、常により意識的に生きるように努めなくてはなりません。それにつれて人間関係も改善するでしょう。

無意識の中に隠されている極めて重要な内容を引き出すには、さまざまな方法があります。その一つは、注意深く、何ごとも受け入れる姿勢で、自分を裁かずに観察することです。このパスワークは、真実を求める人々を自身の幼児期の迷路へと導くための最も優れた方法です。そこであなたのモンスターと対峙し、手なずけるのです。そのとき、これまでよりも大きく人を受け入れ、心を開けるようになります。

この内面への旅は、神としての自己へと戻る旅でもあります。これは孤独から出発して恐れのない愛を探すという、あなたの人生で最も偉大な冒険です。さあ、出発の準備はできましたか?

ジュディス・サリー

第6章　不幸を望み愛を恐れる

皆さんこんにちは。皆さんに祝福を送ります。このときは祝福されています。

生きとし生けるものには皆、幸せになりたいという願望があります。ところが各個人の成長段階によって、幸福という概念は異なります。幼い子どもが考える幸福とは、あらゆる欲望が即座に、しかも思い通りに満たされることです。すべての人は、このような子どもっぽい期待の名残をその後もずっと持ち続けます。この**歪んだ考え**は最終的に連鎖反応を起こし、人間の魂に別の欲望を生じさせます。不思議に思うかもしれませんが、それは**不幸への欲望**です。

最高の幸福についての成熟した概念は、こう表現できるかもしれません。「私は周囲の状況がどうあろうとも、それに支配されることはない。不都合な、あるいは不愉快なできごとでさえも、何か目的があってそれが起きていると私は知っているから、どんな状況でも幸せでいられる。そのできごとは私に何かを教えてくれるし、それによって私はさらに自由に、幸せになれる」。

幸福に関する未熟な概念は次のようなものでしょう。「欲しいものが思い通りに、しかも欲しいときに手に入らない限り、私は幸せになれない。それ以外、私が幸せになる道はない」。この主張が暗に示しているのは、誰からも完全に認められたい、称賛されたい、愛されたいということです。誰かがその要求に応えてくれなかった瞬間、その未熟な人の世界は崩壊し、幸福は永遠に奪われてしまったように感じます。もちろん、大人の知性的な見方からすればそのようなことはあり得ませんが、その人の感情から見るとそれは真実なのです。

あまり成長していない人にとって、あらゆるものは黒か白として見え、その中間はありません。思い通りにものごとが運べば、世界は明るくなります。しかし、ほんの些細なことでも意に沿わなかった場合、世界は暗闇になります。

幼い子どもが空腹を感じているとき、数分という時間はまるで永遠のようです。これは幼い子には時間という概念がないだけでなく、空腹の時間はもうすぐ終わることを知らないからです。ですからその子はすっかり絶望し、怒り、不幸になって泣くのです。幼いころこのように自由に表現されていた人格のこの部分は大人になっても残り、精神の中に潜んでいます。理性的な振る舞いの陰に隠れて、その部分は同じような反応を引き起こすのです。

子どもは非常に早い時期に、自分の欲しい幸福らしきものは手に入らないことを実感します。自分が頼りにしているこの残酷な世界は、必要なものを与えてくれないと感じます。そして世界がもう少し優しかったら、きっと与えてくれるのだろうと考えるのです。

全能の支配者への願望

この論理を展開していけば、赤ん坊の幼稚で歪んだ幸福の概念は全能の支配者になる願望にまで発展し、特別な地位について周囲の世界から無条件の服従を約束されたいと思うようになることがわかるでしょう。子どもは会う人すべてが自分の欲望を満たしてくれることを期待します。もしその願いが叶えられなかったなら——決して叶えられることはないのですが——いらだちは頂点に達します。

もちろん、誰しも人生の初期の記憶はありませんから、このような幼いころの感情は覚えていません。**しかし実際は、人間は皆例外なく、大人になってもこのような幼稚な反応を続けるのです。**これを自分自身で発見する方法はたくさんあります。たとえば過去に起きた反応を思い出したり、今起きている反応を観察して分析する方法です。

まず初めに、その欲望を抱いて、そのように反応している、**あなたの中にいる幼い子どもを見つけ出しましょう。**あなたの人格のその特異な部分に意識を集中させてください。あなたがその子の感覚を体験しない限り、内面的葛藤は理解できないでしょう。

その子どもがある程度成長して、この世界での生き方がわかってくると、あこがれていた全能の支配者は拒否されるだけでなく、それへの願望自体も嫌悪されるものであることを理解するようになります。そのため、その欲望が薄れて忘れ去られるまでは隠しておかねばならないことを学びます。その欲求が抑圧されることで、基本的に二つの反応が生まれます。その一つは、「もし私が私を取り巻く世界から求められているような完璧な人間になれば、おそらくたくさんの人に認めてもらえる。そうすれば自分の目的を叶えることができるだろう」と考えることです。そしてそのとき、完璧な人間を目指して努力が始まるのです。人は皆、完璧を目指して努力するのが望ましいことは誰もが同意するものの、言うまでもなく、このような種類の努力は間違っています。その理由はその動機にあります。その人が完璧になりたいのは、人をもっと愛したり、人にもっと多くを与えたりするためでなく、今すぐにでも完璧になって、あこがれの絶対的支配者になりたいという利己的な目的があるためです。当然ながら、それは不可能です。

このようにして、いらだちは二倍になります。一つ目は幸せになるために絶対的な支配者になるという目標でしたが、それは叶いません。そして一つ目の欲望を満たすために、完璧な自分になりたいという欲望が生まれましたが、それも叶いません。この失敗の結果、不全感、劣等感、後悔、罪の意識などの激しい感情が生まれます。なぜならば、誰も完璧になれないということを子どもはまだ知らないからです。その失敗は自分だけに起きたことであり、その恥ずかしい事実を隠さねばならないと考えます。そのことを意識の上ではもっと理解している大人でさえも、無意識の中では「もし私が完璧になれたら欲しいものが手に入るだろう。私は完璧ではないから、何も与えられる価値はない」という論法がまだ息づいているでしょう。

自己責任の拒否

同時に、その他の反応も起こります。自分が完璧でないことのすべての責任を負いたくないし、負えもしないという思いです。そのため、自分の周囲を非難するようになります。内なる論理はこのように進みます。「もしあの人たちが私のすべてを愛して認め、かつ私の望む通りに振る舞ってくれたら、思い通りの幸福が実現し、そのとき私は完璧になれるだろう。欲しいものが手に入らない原因は、これで取り除かれるだろう。だから悪いのは『あの人たち』だ。私が完璧になれないのは、ただ単に、あの人たちがいつも私の願望を叶えてくれないせいだ」。こうして独特な双方向の悪循環が生じます。一つの方向は「愛され、幸せになるためには、私は完璧でなくてはならない」であり、反対の方向は「幸せになるためには支配者の地位が必要で、もしそれを手に入れることができれば、私は苦もなく完璧になれるだろう」です。この二つの目標は、両方とも実現不可能です。そのため一方で世界を非難しながら、もう一方で自己を非難することになるのです。

幸福に対して間違った概念を持てば、必然的に愛に対しても間違った概念を持つことになります。なぜならばあなたの中の幼い子どもは、幸福と同じように、愛の証明とは自分の願望がすべて満たされることだと信じているからです。それゆえ愛されていると感じるためには、あなたのあらゆる欲望に服従する「奴隷」が必要です。「私を愛しているなら、私に忠誠を誓うはずだ。だからこの人は私に仕えてくれるだろう」。すべての人の中にいる幼い子どもと同じように、あなたもこれを真実だと思うなら、当然の結果としてあなたは愛することを恐れるようになります。なぜならば、あなたが愛するときには、あなたは奴隷にならざるを得ないからです。自分自身の反応を素直な目で観察すれば、そのような感覚が自分にあることを発見するでしょう。しかしおそらく、今まではそれを認める勇気はなかったでしょう。これまでを振り返って、あなたが欲しかったのは愛する対象ではなく、あなたに仕える人だったことはないかを思い出してください。

無意識の中にある、愛についての子どもじみた歪んだ考えを認識すると、あなたは相手からの子どもじみた要求も判別できるようになるでしょう。さらに、自分の中にいる子どもが身勝手な要求をしていることに気づき、その子の感覚を身をもって味わったとき、あなたはその子を説得することができます。そのときになって初めてあなたは、愛するとは尊厳や自立、自由を奪われることではないと理解し、もう愛を恐れなくなるでしょう。今のあなたは、真の愛は服従と同じであるという誤った考えを持っているため、愛する能力を自ら制限しています。そしてひたすら愛されたい、奉仕されたいという無茶な要求をしているために、他者を信頼できずにいるのです。

あなたが未熟な段階にあるならば、現実を受け入れられません。なぜなら、現実はいつも完全で快適なものとは限らないからです。あなたの願望が満たされないこともあります。あなたが成長し、日常のできごとや感情の一つひとつを直視し、それを受け入れることができるようにならない限り、愛することの恐れはなくならないでしょう。あなたの成熟度が増せば、充実した愛に到達するには、梯子の極めて低い段から出発しなければならないことを実感するでしょう。おそらくその段の一つは、**人があなたのことをどう思おうと、思いたいように思わせておくことでしょう。**あなたがこの「内なる許容」を惜しみなく実践できれば、他者があなたの意志にまったく従ってくれなくても、心の底から他者を好きになり、尊敬できる地点まで到達するでしょう。このように段階的に成長し成熟していけば、すべてを包み込む偉大な愛を体験したいと魂が熱望する一方で、恐怖ゆえに愛から逃げようとするという葛藤を、最終的には乗り越えることでしょう。

正しい愛の概念

その葛藤を乗りこえるためには、愛に対する正しい概念を持たねばなりません。**愛は宇宙の中で最も偉大な力です。**これは、あらゆる霊的教義や哲学、宗教、そして現代の心理学でさえもが明言している真実です。愛があれば、あなたはとてつもなく強く、安全です。愛がなければ、あなたは惨めで、一人ぼっちで、恐れています。愛に対する正しい概念には、相手があなたを愛していなくても相手を愛するという種類の愛も含まれます。そのような愛には条件がありません。でも、あなたがまだそこまで到達していないならば、自分にそれを強いても何もいいことはありません。無理強いした上で完遂できなかったとなると、挫折感と罪悪感が深まるばかりです。かえって自己破滅的な傾向をもたらすでしょう。それればかりか、利己心のない理想的な愛への願望は、**苦しみへの不健全な願望**によって簡単に歪められてしまいます。もしあなたが今は愛されていないし愛することもできないと思うなら、ただ単に罪悪感なしにそれを認識すればいいのです。それが変容への第一歩です。

不幸への願望

さて、今までお話ししたことがどのように不幸への願望につながるのでしょうか？　前にも話したように、人間の人格は幼少期に形成されたこれらの誤った概念に基づき、幸せを見つけるのはひどく難しいことであると感じます。そして間違った概念を修正するという正しい方向に進まずに、**人生を間違った概念に一致させようとするのです。**それが不可能であることがわかると、他の解決法を探します。その新たな方法は事態を打開してくれるように見えますが、結局は状況をさらに悪化させるものであると判明します。無意識の中では、このような独り言が繰り広げられます。「幸せを手に入れようとしても叶わず、かえって不幸なことが起きて逃れられない。それならいっそこの状況を利用して、厄介ものを宝にしてしまえばいい。不幸から逃れられないなら、それを楽しんでしまった方がいい。それに、不幸を避けたくても避けられない無力な犠牲者でいることの屈辱を晴らしたい。もし自分で不幸を作り出すなら、私はさほど無力ではないことになる」

表面的には、これは賢明な解決法のように見えるかもしれません。しかし、もちろんそうではありません。不幸の要素の中には、不健全な形とはいえ**楽しめる**ものもありますが、激しい苦痛のために到底**楽しめない**要素もあります。ところが人々は初めはそのようなことは知りません。予期しなかったことなのですが、やがて実際に苦痛を感じたときにも、先ほど話した思考プロセスの結果であることに思い至りません。とにかくそのプロセスはすべて無意識に進むので、不幸の不快な要素が自分自身で作りだした不幸から生まれていると見抜けないのです。自己に対するワークによりこれらの感情と反応が明らかになったとき、初めてあなたは見えないところで自分自身が巧妙に続けているパターン、つまり**人を怒らせて**ある種の状況を作り出し、その結果生まれる**不幸なできごとや不公平さ、被害、過ち、傷を収穫している**ことを発見できます。それを自分で引き起こしていることに気づいてしまえば、自分はその一部をある意味では**楽しんでいる**ことにも気づけるでしょう。たとえ意識の上では一部の要素をどれほど嫌悪していたとしても……。たとえば、そのような状況を引き起こすこと自体を楽しんでいるかもしれません。あるいはその結果としての自己憐憫を楽しんでいるかもしれません。これがあからさまに行われることは稀ですが、他の人から見れば極めて明白なこともあります。しかし本人には見えません。ほとんどの場合大変巧妙に行われるので、**心の底からそれを知りたいと思わない限り**、本人の視野には入ってこないのです。

この間違った解決法には、このような子どもじみた論法が使われます。「この世界には黒か白しか存在しない。ところが私には白が手に入らない。だから私は真っ暗闇を楽しむのだ」。このような内面的プロセスが展開すると、連鎖反応の全体に拍車がかかります。不幸への願望は無意識の中に隠れているので、不幸を起こして収穫した傷は、自分が不完全であり、この世界は残酷で不公平であるという感覚をますます強めます。

自己破壊性、つまり不幸への願望は、根深い罪悪感から生まれるという言葉をよく聞きます。しかし、これは常に正しいわけではありません。むしろ逆の場合が多いのです。**実際の罪の意識と羞恥心は、不幸を引き起こして惨めさを収穫することから生まれます。そこからあらゆる罪の意識が生まれるのです。**

あなたの中で起きているこれらのことをすべて直視し、その感情を深く体験する覚悟ができたとき、あなたの生活のさまざまな面が徐々に変化し始めるでしょう。自分自身が不幸を引き起こす様子に何度も何度も気づけば、それをしなくなるでしょう。**もうその必要はない**ことを実感するでしょう。あなたが人生についてより成熟した見方ができるようになると、支配者になりたいという願望を持たなくなります。そのような偽の願望を自ら捨て去ることができれば、それに応じて不幸と惨めさを引き起こすこともなくなるでしょう。その時、充実した人間関係を妨害するものの一つは取り除かれ、愛し愛され、幸せを感じることができるでしょう。

私の語る言葉を聞いている、または読んでいる皆さんに祝福がありますように。聖なる光と力、真実、愛があなたの中を流れ、あなたの荷物を軽くしますように。平穏にありますように。神の内にありますように。

6章のまとめのエクササイズ

この章は難しいです。なぜならばガイドは、人間には無意識的に働く思考や感情の癖があり、それが強い影響力を持つと説くのですが、それは一般的な通念や大人の論理的理解とは異なるからです。それらの癖は、本質的に自覚しにくいものです。ですから意識的に気づこうとしなければ、それに向き合い、別のやり方を選択することで変容させることはできません。無意識の中にあるものを、どうしたら意識に浮上させることができるでしょうか？　それには、次のようなことを試してみるのもいいでしょう。

- 瞑想と祈りを通して、より深い理解を追求しましょう。内なる真実の発見を目的に定め、神聖な存在の助けを求め、通常の瞑想と同じように心を鎮めて空っぽになり、何でも受け入れようとしてください。瞑想中に洞察を得ることもあるし、思いがけないときにふと湧いてくることもあるでしょう。

- 他の人、たとえばパスワークのヘルパーや信頼している親友などに手助けしてもらってもいいでしょう。その人の目にあなたはどう映っているかを、具体的に言ってもらいましょう。そしてその「一粒の真実」を、心を開いて謙虚に受け入れてください。
- パスワークのレクチャーで解説されているデイリー・レビューを行いましょう。その日に何を考え、感じ、人とどのように交流したかを記し、それを見ながら浮き出てくるパターンを見つけましょう。

エクササイズ1

あなたがこれまで出会ってきた人々、あなたと知り合い交流を持った人々について考えましょう。頭の中で彼らを思い浮かべて、自分自身にこう尋ねてください。「私はこの人が好きだろうか。どれくらい好きだろうか。または、どれくらい嫌いだろうか」。これをパーセントで示してください。次に、今度はこの人が「あなた」をどれくらい好きだったかを考えましょう。あなたと相手の感じ方に違いはありますか？　ほとんどの人は、いつも誰からも一〇〇%好かれたいと思っています。これは、子ども時代の意識からずっと持ち越されている欲求です。子どもは、いつでも誰からも愛されたいという非現実的な願望を持っているのです。

エクササイズ2

この章に出てくる次のような言葉について考えてください。

「愛され、幸せになるためには、私は完璧でなくてはならない」

「幸せになるためには支配者の地位が必要で、もしそれを手に入れることができれば、私は苦もなく完璧になれるだろう」

「この世界には黒か白しか存在しない。ところが私には白が手に入らない。だから私は真っ暗闇を楽しむのだ」

「不幸から逃れられないなら、それを楽しんでしまった方がいい」

以上のことを参考にして自分の無意識的思考に接触できたら、これらの言葉のどれかが自分の中で聞こえていないかどうかを確かめてください。あなたが人と交流するとき、特に対立している関係の場合、これらのような考え方で相手と接していませんか？　あなたの生活を取り巻く状況の一部は、その言葉の影響により創り出されたものではないですか？

エクササイズ3

デイリー・レビューと瞑想を通して気づいたことを振り返ると、あなたの内面や周囲に次のような現象が一つ、または複数起きていませんか？

- 不平を言うことが多い。
- 人のことに干渉する。
- 人間関係に摩擦がある。

- 無力さやふがいなさを感じる。
- 経済状態や仕事、パートナーシップなどの人生の実際的な側面で行き詰まりを感じたり、充足感が欠けたりしている。

問題のある部分またはパターンを発見したなら、その根底にはどんな無意識的信念があるかを、この章の内容を参考にして自分に問いかけてください。たとえば何かが欲しくなると、いつもあなたはそれを是が非でも手に入れなくてはならないと考えるでしょうか？　どうしても避けられない状況を乗り切るために、不幸な自分を創造しようとしていないでしょうか？

トム・ハバード

第7章　愛されたいという正当な願望

こんにちは、私の大切な友人たち。あなた方一人ひとりに祝福がありますように。このときは祝福されています。あなたが最も必要としている導きが得られますように。

自己探究の道を歩めば、困難な状況への対応が上手になるばかりでなく、幸せな時間も上手に扱えるようになります。暗闇から抜け出せず、人間という存在に関しても人生の意義についても無知なままでいるならば、いいことが起きたときでさえも、辛いことと同様に上手く対処することができません。どちらも知恵と成熟性を要することであり、霊的な知識を学んで真剣に自分を知ろうとする必要があります。それによって実り多い探究ができるのです。

すべての人間の魂には愛されたいという願望が存在します。この願望自体は正当で健全であるだけでなく、独特な創造性を持っていたり、人を創造的にさせたりします。愛がなければ、魂の創造力は発揮されません。愛されたいという魂の願いを実現しようとして、人々はしばしば間違った方法を選択してしまいます。その原因の一つは、その願望を意識していないことです。ですから、それを理性と現実に照らして認識できるまでは、叶わないまま願い続けることになります。そのためいらだちが生まれるのです。では、なぜほとんどの人はこの願いを意識していないのでしょうか？　まずその理由を探ってみましょう。

子どもは限りなく愛を求めます。しかし、自分だけを限りなく愛して欲しいと願うのは良くないことだと思い、その願望に罪悪感を抱くようになります。自分だけが限りなく愛されたいというのは非現実的で未熟な考えであることは確かですが、その願望が満たされないままでいると、その子どもは愛されたいという願望自体が悪いものだという間違った結論を出してしまいます。正しい結論とはこのようなものでしょう。「私がこれまで欲しがってきた種類の愛は手に入らない。でも私には愛される権利がある。愛されたいならば、私の方から正しく成熟した愛し方をすればいいのだ」

恥ずべき切望

ところで最初の誤解は、愛されたいという切望は恥ずべきものだということでした。そのためその切望は隠され、その結果たくさんの不幸な事態が起こります。

おそらくあなたはこう思っているでしょう。「でも私に関して言えば、愛されたいという思いはまったく隠れていない。私はそれをはっきり意識している」。確かに、あなたはその切望に気づいているでしょう。しかし、それはおそらく限定的です。気づいていても、内面にある悲しみや満たされない願い、そして悲しみを必死でごまかそうとし、得られない愛の**代用品**を求めて闘っていることなどを、すべて認識しているわけではありません。その闘いはあなたをひどく疲れさせ、まさに手に入れようとしているものを台無しにする態度を取らせます。あなた方の誰もが、自分の中にある葛藤とこの普遍的な闘いとがどこでどう関連するのかを、白分自身の力で見出す必要があります。

人々は愛を切実に求めながらも、それが恥ずかしくて抑圧しているのですが、その叫びを完全に押し殺すことはできません。その声は消えず、仕方なく歪んだ形で自らを表現することになります。その歪みこそ、あなたが求めている愛を得られない原因なのです。しかし、まだあなたはそれを知りません。あなたの心の奥深くにはこのような信念があります。「愛されようとするのは間違っている。私には愛される権利がない。愛される価値がない。それが愛されない理由だ」。しかし、決して収まらない内なる声は、独自に見当違いな方法で挑み続けます。そしてその挑み方こそが人の愛を遠ざけるのです。間違ったやり方で求めることをやめられたら、ほんとうのあなたは愛され得ますし、実際に愛されることがわかるでしょう。そのとき、悪循環は打破されるでしょう。

愛の代用品としての承認

さて、この間違った方法とはどのようなものでしょう？　あなたは愛されたいという願望を、承認されたい、輝きたい、他の人より優秀でいたい、人々を感心させたい、重要人物でありたいなどという願望に置き換えます。これらはさほど恥ずかしくない願望に思われます。こうしてあなたは、常に自分自身を証明しながら生きることになります。代用となる願望には、他にもさまざまな形があります。あなたは相手に同意されたい、言うことを聞いて欲しいと思うかもしれません。反対にあなたが相手に同意していることを証明したい、あるいは世論または特定の人々の意見に、またはあなたが彼らの意見だと思い込んでいることに従うことを証明したいと思うかもしれません。人々の意見は必ずしも同じとは限りません。これらを含むさまざまな願望は、単に愛されたいという願いの代用品でしかないのです。

多くの人々にある追従の傾向、つまり「素直な子」になろうとすることも、このような葛藤の一つです。人によって現れる傾向は異なるでしょう。あなたの内面では、そもそもの願いは何であったかが忘れられ、代用品としての願い、つまり他者に対してあなたを証明するための闘いさえも、しばしば自覚されていません。

自分の優越性を証明しなければならないという強迫観念は、誰もが持っています。単にその強さが違うだけです。このような強迫観念が自分の中にあることを確かめ、その本質を理解しなければ、解決法が見つかるはずもなく、強迫的な闘いをやめることもできません。しかし正しい方向に探究すれば、満たされない悲しみが存在することを知識として**知る**だけでなく、それを**感じる**こともできるようになります。これはいいことです。そのときあなたは、承認を得るため、優越性を証明するための闘いがあなたに自己中心的で高慢かつ横柄な態度を取らせたり、反対に恨み深くなるほど理不尽に従順な態度を取らせることを理解します。この格闘は、人の愛を遠ざけるという逆の結果を強く引き寄せてしまいます。でも、あなたが代用品を求め続ける層から完全に脱却できたなら、あなたは愛されるように**なれる**のです。本来の願望が引き起こすと思われる「屈辱感」や「弱さ」、あるいは単純な悲しみ——それはあなたの魂を決して不健全にしたりしません——を恐れることなく、その願望を感じることを自分に許したら、深い充足を大きく引き寄せたことになります。そのときあなたは、自分が許せなかったのは愛されるほど立派ではないあなたでなく、あなたが苦労して飾りつけた仮面の方だったことを発見するでしょう。そして有害な自己憐憫に溺れることがなくなり、大きく成長し、あなたが当然受け取れるものを受け取れなくさせているこれらの傾向を取り除けるでしょう。

さらにあなたは、その闘いにはまったく意味がないことにも気づくでしょう。ほんとうに必要でないことは決して成功しません。本来の願いに覆いかぶせられた層は、真の思いではありません。勝ち取りたかったもの、たとえば称賛や承認などを一時的につかんだとしても、それはあなたの心に不満と苦々しさを残します。あなたは落胆することになります。なぜならば、あなたはそれ以上のものが欲しかったから、それが永遠のものではないから、望んでいたほど多くの人々からもらえなかったから、そして何よりも、それはあなたがほんとうに欲しかったものではなかったからです。あなたのいらだちと惨めさの根底には、いつもこのような葛藤があります。

あなたはまるで人生の危機に直面しているかのように闘います。あなたの内面では、まさにそうなのですが……。愛されたいという本来の願望、そして望むほどには愛されない悲しみに気づくには、まずこのような葛藤を認識する必要があります。相手が同意してくれないと、過度に腹立たしさを覚えることはないでしょうか？　しかし、もし自分は誰かに心から愛されているという確信があり、その愛を親切さと優しさ、温かさで表現してもらっているならば、同意されなくても気にならないはずです。これは皆さんの誰もが思い当たることでしょう。ということは、これはあなたにも当てはまることなのです。

自分の中にそのような感情があることに気づけば、その闘いで得ようとしているのはほんとうに欲しいものではないこと、そしてそれほど必死にもがいても、その努力に見合う成果は決して得られないことを理解するでしょう。特に注目すべきことは、何かを、たとえば自分自身をどうにかして証明しようとするこの闘いは、あなたの最悪な部分を引き出してしまうことです。それは厳密には何でしょう？それを認めるのはあなたが考えるほど辛いことではなく、その結果あなたは想像をはるかに超えて自由になれるでしょう。なぜならば、そのときあなたは望んだほどには愛されなかった原因を理解するからです。その原因は、あるがままのあなたではなく、あなたが変われないことでもなかったのです。それによりあなたは勇気づけられ、強くなれるでしょう。

　自分を証明するために格闘することが少なくなると、成熟したほんとうの愛のための下地作りが始まります。心が成熟してくると、**本来の**愛とは無償で与えられるものであることを理解できます。まず初めにあなたは、**あなたを愛したくない人があなたを愛さなくても許容できるようになるでしょう。**それは悲しいことかも知れませんが、そのせいであなたが神経過敏になることも、押しつけがましくなることも、思いつめることもありません。この悲しみには自己憐憫がなく、あなたをひどく苦しめたりしません。ですから、あなたを不機嫌にはさせないでしょう。

愛を強要する

　皆さんの内面には、相手に自分を愛することを強要したいという願望が常にあります。それは表向き承認という形を取っていますが、つまるところ自分を愛することを強要したいのです。しかし、強要された愛は愛ではありません。あなたの中の子どもにはそれがわかりません。しかし、このような傾向に気づき始めると、自分の中で「あなたは私を愛さなければ**ならない**」とはっきり主張している声を聞き取るようになるでしょう。気の弱い人は、不健全で利己的な下心から一時的に降参して、命令に従うそぶりを見せるかもしれません。しかしそのような反応によってあなたが得るものは空しさと失望だけです。なぜならば、それはあなたがほんとうに獲得したかったものではないから、強要しなくなったときに得られるものではないからです。また、強く、成熟した魂ならば、力づくで服従させられたりしません。そのような魂はいつも自由に行動します。さらに言えば、あなたはその命令に従うような人を決して心から尊敬しないでしょう。あなたが尊敬するのは、見返りを求めずにあなたを愛してくれる人だけです。しかし、そのような無償の贈りものを受け取れるのは、それを強要しないときだけです。**強要する傾向を意識的に看破できない限り、無償の愛という贈りものは決してやって来ません。**ですから、まず初めにあなたがするべきなのは、あなたを愛さないことを選択した人があなたを愛さなくてもそのままにして、彼らの自由にさせることです。これは愛されなくても幸せを感じるべきだという意味ではなく、ただその悲しみに正面から向き合えばいいのです。その悲しみがあなたを害することはないでしょう。その姿勢は、誰かが無償の愛をあなたに向けてくれたときには、はかり知れないほどの報酬をもたらすでしょう。そのときあなたは、ただ一つの価値ある真の愛を受け取る機会をあなたから奪っていたのは**あなた自身**だったことを理解するはずです。

皆さん、どうぞ誤解しないでください。私の言っている愛の強要とは、あなたが意識的に行うものではありません。これはあなたの感情に関することなのです。人に対するあなたの感情的反応の背後にあるものを理解すれば、それがそもそもの原因であることがわかるでしょう。

自由を与える

これからあなたは、どうすれば人に自由を与えるほど寛大になれるかを学ぶわけですが、あなたが与えるのは間違いを犯す自由、あなたに同意しない自由、あなたが容認できない弱さを持つ自由だけでなく、あなたを愛さないという自由も含まれます。自分の本来の願望に気づき、さらに自分のいらだち、そのいらだちからの行動、そして人に無理強いする傾向にも気づくと、これらの無意識の感情的態度こそがほんとうの愛という無償の贈りものを受け取れなくさせていることに気づきます。そしてそれはあなたが立派でないからではなかったとわかります。そのとき、あなたはさらに成長できます。

それではさらに、このような**普遍的**な内面的プロセスの別の側面を見てみましょう。あなた方は愛されたいと切に願う一方で、人にはほとんど愛を与えることができません。少なくとも、自分が求めているほど大きな愛は与えていません。あなたが人を愛するのは、せいぜいあなたを正当に扱ってくれたときだけです。ですから、あなたは内心では与えたくないと思っているものを人からもらおうとしているのです。あなたは無条件の愛を要求します。自分をよく理解してもらい、欠点や弱さがあろうと愛されることを期待します。しかし、その弱さこそがしばしば不注意に人々を傷つけ失望させていることに気づいていません。それは、しばしば人々が**その人**自身の弱さからあなたを不注意に傷つけ、失望させているのと同じです。**あなた**は、そのような弱さがあっても理解され愛されたいと望みます。しかし、彼らの弱さの悪影響があなたに及んだとき、あなたは自分の望んだように愛そうとはしません。口に出すことも意識されることもないこの要求は、不公平なものです。その不公平さは高慢につながります。何しろ、自分は譲歩しなくてもいいという特権を要求するわけですから……。この特権は非常に主観的であるがゆえに非現実的です。このような態度は、たぶん今あなたが思っているよりも明白に行動に現れていて、相手に影響を与えています。それがあなたに不利な結果をもたらすことは容易に想像できるでしょう。

ですから、愛し方を学ぶことが必要です。それができて初めて、あなたの態度があなたを愛さずにはいられない人にするのです。愛し方を学ぶ際の第一歩は、主観的な見方をやめることです。**愛とは、何よりもまず客観性です。**主観的な見方は自己中心的であり、愛と自己中心性は共存できません。愛することを強制できないのは、皆さんの全員がわかっていることです。妨げるものを取り除いたとき、愛は自然に育ちます。本質的に身勝手で主観的な態度は、愛を与え、かつ受け取ることを妨害している大きな要因の一つです。

進んで愛する

ほんとうの愛、**ほんとう**の客観性を完璧に実践することは誰にもできません。しかし、人によってその程度には差があります。自分が客観性を欠いていることに気づけば気づくほど、客観性に近づいたことになります。それゆえ、愛することもできるようになります。

自分から進んで愛そうとするにつれて、愛する能力は着実に増していきます。愛が返ってこなかったり、期待した形、あるいは期待したほどすぐには返ってこないことを恐れなくなればなるほど、それに応じて自分から進んで愛そうするようになります。ほんの少し傷つくことや落胆でさえ恐れている自分に気づいてください。そのような見方で自分の内なる景色を注視すると、抱いていた恐怖が全くの幻想で、誇大化した妄想だったことがきっとわかるはずです。それが原因であなたは愛することを**躊躇していた**のです。それゆえあなたの愛する能力はいつも弱まり、無力化していたのです。客観的で達観した見方ができるようになると、誰かがあなたを理不尽に傷つけようとしても、それを甘んじて受け入れることはなくなります。自虐的な対処法が愛の証だという間違った概念は、もう持たなくなります。さらに、侮辱されたり、傷つけられたり落胆したりするのは悲劇であり、それらのどれ一つとして自分に寄せつけてはならないという幻想は、もう捨てることができるでしょう。

繰り返しますが、愛を与え、受け取ることを学ぶ際の鍵となるのは、以下を認識することです。(一)巧妙なやり方で人に愛を強要することにより満足を得る、代用品としての感情。(二)あなたの感情的反応に隠された、あなたが愛することを妨げている主観的な態度。(三)自分の幻想の世界の中で、拒否される恐怖を感じていること。(四)これらのことがあなたの人格と周囲に与えている影響。

これらを十分に認識するには時間と根気、さらに自分の中に**どのようなもの**があろうと目をつぶらずに直視する強い意志が必要です。これらの真実があなたの中で鮮明になってくると、あなたは徐々にこのような側面や考え方をゆっくりと、しかし着実に変えていくでしょう。このような前向きな姿勢により、愛する能力は増していくでしょう。自分が人に与えたい愛を判別できるようになります。誰もがあなたの中の子どもの要求通りに愛してくれるとは限らないと知っても、心が乱れることはありません。

あなたを愛さない人、または認めてさえくれない人がいても、今のあなたがするように、その事態を感情に基づいて悲劇と受けとめることはなくなるでしょう。

あなたが成長し、成熟するにつれて、愛されなくても、認められなくても動揺しなくなります。動揺しないので、あなたの最悪の部分が引き出されることはありません。何かのできごとで失望しても、ある種の平静さで受けとめます。あなたを怒らせる人を思いやり、客観的で歪みのない見方ができるようになります。これらはあなたの奥深くでほんとうに感じていることであり、無理をして表面的に装うわけではありません。

ここで私が話したことによって、皆さん一人ひとりがより深い新たな段階に踏み出せますように。今夜お伝えしたことが深く理解されるように祈ります。最も聖なるものの名において祝福がありますように。平穏と喜びの内に解放への道を進んでください。喜びと忍耐を持って成熟と真実へ向かってください。あきらめずに進めば、必ず大きな収穫があるでしょう。祝福がありますように。平穏にありますように。神の内にありますように。

7章のまとめのエクササイズ

子どもは、無制限に愛を求めます。しかし自分だけをどこまでも愛してもらいたいという願望は間違っていると感じ、しばしばそれに罪悪感を覚えます。子どもは、自分だけをどこまでも愛してもらいたいというのは未熟な願いだということを知らず、いつまでたってもそれが叶わないために、愛されたいと思うこと自体が間違っているという結論を出してしまいます。

成熟した感情を持つ大人は、次のように考えます。「これまで求め続けてきたような愛を手に入れることは不可能だ。でも私には愛される権利がある。私の方から正しく成熟した愛を与えられるようになれば、私は愛され得る」。しかし子どもはそんな成熟した考えや感情を持たないので、ほとんどの場合、愛されたいという切望を恥ずかしいと感じるようになります。そしてその切望を心の奥深くにしまい込み、それに伴う悲しみも感じないようにしてしまうのです。

愛されたいと密かに切望する恥ずかしさを回避するために、子どもは愛の代用品を創り出して欠乏感を埋めようとします。愛されたいという願望を、承認されたい、輝きたい、他の人より優れていたい、人を感心させたい、重要人物になりたい、などの願望に置き換えます。これらは本来の願望よりも、多少なりとも恥ずかしくないことに思えるからです。これらの願望は強迫観念へと発展し、常に他の人に自分を証明しなくてはならないと思いながら生きることになるのです。

自分を、あるいは何かを証明したいという脅迫観念は、誰にでもあるものです。それは、他の人は自分の意見や考え方に同意して従うべきだという態度、あるいは相手への同意を証明して見せ、「いい子」になろうという態度として現れます。この証明するための奮闘は、あなたを自己中心的で見栄っ張りな、人を見下す横柄な人間にするか、あるいは過剰な従順さゆえに恨みを蓄積させた人間にしてしまいます。実際には、あなたはこのような振る舞いによって愛されなくなります。愛の代用品を求めることをやめられたら、そして愛への本来の切望を感じ取ることができて、「恥ずかしさ」や「弱さ」とあなたが定義したものへの恐れを取り去り、心の奥深くに埋めた思いの単純な悲しみを感じることができたなら、あなたはほんとうの愛を実際に手に入れる方向へと歩み出せるのです。

この内面的ワークを行うことで、あなたが愛されるに値しない人間なのでなく、あなたが愛の代用品である承認を得るために自分に被せた仮面こそが受け入れてもらえなかったことに気づくでしょう。それがわかってしまえば、あなたは仮面を脱ぎ捨てて成長し、本来の愛をもっと体験できるようになります。

あなたが成長し成熟するにつれて、愛されないことや認めてもらえないことがあっても気にならなくなり、その結果あなたの最悪な側面が引き出されてしまうこともなくなるでしょう。これらのことを十分に認識するには時間と忍耐が必要であり、さらには自分の中にあるものをすべて素直に見ようとする意思をちゃんと貫くことも必要です。このように自分自身に正直になろうと決心したならば、あなたの愛する能力は時間と共に育っていくでしょう。

愛されたいという正当な願望のためのエクササイズ

愛されたいという切望が羞恥心により隠されているならば、あなたの中のどこに隠れているかを探ってみましょう。隠れているその感情は、子ども時代に感じたものと似ていませんか？ あなたが子どもの頃、両親に自分だけを愛して欲しいと願った気持ちを感じ取り、さらに、おそらくその願い自体を悪いと感じた心の中をよく見てください。

次に、愛されるために他の人に自分を証明したいという脅迫観念が自分の中の最悪の部分を引き出すとき、自分の中で何が起きるかを観察してみましょう。最悪の部分とは、厳密には何でしょう？ このような難しい作業に挑む際には、具体的に考えてください。あなたは、自分を証明したいという高慢で横柄かつ自己中心的な欲望から、相手を強制的に従わせようとしていますか？ それともあなたは人の言いなりになって、従順な子供のように振る舞いますか？ 初めは、このように自分の内面を見つめるのは難しいかもしれません。それでも根気よく続ければ、自分は愛のある誠実な人間ではなく自分を証明したがっている人間だという事実をはっきり見た方が、人の承認を得るために作った仮面に執着するよりも、苦痛が少なく自由になれることがわかります。この単純なエクササイズによって新しい観点から見ると、あなたが望むほど愛されてこなかったほんとうの理由を理解できるようになるでしょう。それによりあなたは勇気と強さを得るでしょう。

次に、自分に向かって以下のように言って、成熟した大人の態度を取る自分を感じてみましょう。「私がこれまで欲しがってきた種類の愛は手に入らない。でも私には愛される権利がある。愛されたいならば、私の方から正しく成熟した愛し方をすればいいのだ」。自分を証明するための闘いが収まってくると、成熟したほんとうの愛を得るための準備ができてきます。心が成熟するにつれて、自由に自主的に与えられる愛こそがほんとうの愛であることが理解できるようになります。

では次に、瞑想しながら、あなたの出会った人があなたを愛さないことを選んだら、それでもかまわないと思えている自分自身を想像してください。それはあなたにとって悲しいことかもしれませんが、同時にもう一つのことにも気づきましょう。それは、あなたを愛することを選んだ人は、あなたが自分を証明しなくても、ありのままのあなたを愛してくれることです。それは互いがありのままにある状態です。これが一緒にいることの本質です。ほんとうになりたいわけではない自分になろうとして、相手を操って結果を得ようとするのではなく……。これが信頼できる愛です。なぜならば、それは自由に自主的に与えられるからです。今までとは違うこんな生き方ができることを、心に留めておいてください。

それはどんな感情を呼び起こしますか？　体はどんな感覚になりますか？　自由に愛するというこの新しい立場で生きる自分を想像してみてください。

これらのエクササイズで感じたことや知ったことを書き記してください。そうすることで実感が湧き、あなたの人生の新たな可能性が見えます。このエクササイズをやってみてください。そうすれば、時間と共にほんとうの愛を与える力が育っていくでしょう。

アリソン・グリーン・バートン

郵便はがき

恐縮ですが切手をお貼りください

101-0051

東京都千代田区神田神保町3-2
高橋ビル2階

株式会社 ナチュラルスピリット

愛読者カード係 行

フリガナ		性別
お名前		男・女
年齢	歳	ご職業
ご住所	〒	
電話		
FAX		
E-mail		
お買上書店	都道府県 市区郡 書店	

ご愛読者カード

ご購読ありがとうございました。このカードは今後の参考にさせていただきたいと思いますので、アンケートにご記入のうえ、お送りくださいますようお願いいたします。

小社では、メールマガジン「ナチュラルスピリット通信」(無料)を発行しています。
ご登録は、小社ホームページよりお願いします。**https://www.naturalspirit.co.jp/**
最新の情報を配信しておりますので、ぜひご利用下さい。

●お買い上げいただいた本のタイトル

●この本をどこでお知りになりましたか。

1. 書店で見て
2. 知人の紹介
3. 新聞・雑誌広告で見て
4. DM
5. その他（　　　　　　　　　　　　　　　　）

●ご購読の動機

●この本をお読みになってのご感想をお聞かせください。

●今後どのような本の出版を希望されますか？

購入申込書

本と郵便振替用紙をお送りしますので到着しだいお振込みください（送料をご負担いただきます）

書　籍　名	冊数
	冊
	冊

●弊社からのDMを送らせていただく場合がありますがよろしいでしょうか？

□はい　□いいえ

第8章　人間関係における客観性と主観性

こんにちは、皆さん。今日は皆さんに特別な祝福を送ります。あなたに強い愛のエネルギーが訪れ、すべての領域に触れるでしょう。心を開き静かな調和にある人は誰でもこのエネルギーを受け取ることができます。それはあなたの体、魂、精神への祝福です。

私はこれまで折に触れて客観性と主観性について話してきましたが、今回はこれまでよりも詳細に説明したいと思います。というのも、客観性は人間の自由と調和、そして人間関係の調和に欠かせないものだからです。浄化と調和のレベルが低ければ低いほど、客観性も未発達でしょう。客観性とは真実を見ることです。主観性とは歪められた真実、もしくはせいぜい半分の真実であり、多くの場合まったくの虚構です。意識的につく嘘とは異なり、主観性による虚構は無意識に、または意図せずに作り出されます。これは本人の感情の領域から生じるものです。

浄化のワークを行うと、まず初めに、あなたは自分の魂の奥底に虚構があることを発見するでしょう。虚構を追い払ってしまえば、自分の中に真実を植えることができます。厳しい自己探究の道こそがこのような発見と、それに続く変化を可能にします。今回のレクチャーでは、あなた方が新たな角度から自分の人間関係を全体的に眺めたり、あなた自身を重点的に観察したりできるような話をしたいと思います。それにより、あなたはもう一歩先へ進むことができるでしょう。

初めに、よくある現象を取り上げてみましょう。それは、あなたが他人の中に見つける重大な欠点は、多くの場合あなたの中にも気づかれることなく存在しているということです。その欠点がまったく同じであろうと多少異なっていようと、問題ではありません。あなたが人の中に見つける欠点――特にあなたのパートナーの欠点――を望ましくないと思うのは、おそらく正しいでしょう。それでも、もしあなた自身にも同じように正しくなかったり善良でなかったりする部分があることに気づかずに相手を裁いているなら、あなたは半分しか正しくありません。さらに言えば、相手の中にある欠点は、おそらくあなたにはない長所と共に存在しています。つまりあなたは腹立たしい一点に注目し、全体としての相手が持つ他のさまざまな部分を視野から外しているので、あなたの裁きは歪んでいるのです。

相手の欠点への注目

ですから皆さん、誰かを裁いてその欠点に憤慨しているときは、自分自身にこのように問いかけてください。「たぶん現れ方は違うけど、似たような欠点を私も持っていないだろうか。そして、私が厳しく裁いているこの人は、私にはない長所を持っていないだろうか」。そして、あなたになくて相手にはある長所について思いめぐらせてください。さらに、あなたが裁いて憤慨しているその人にはない欠点を、あなたは持っていないかを考えるのも忘れないでください。このような考察により、他の人の欠点

――特にパートナーの――に対する怒りをより客観的に評価することができます。**その結果、相手よりもあなたの欠点がはるかに少なく、あなたの長所は相手よりもはるかに優れているということになったならば、それはあなたがさらに忍耐力と理解力を養う必要があることを意味するのです。**それができたなら、あなたはより高く成長します。高い成長とは、とりわけ理解し許すという責任を負うことです。もしそれができないならば、あなたのあらゆる優れた性質には何の価値もありません！　しかし、その方向に真剣に努力すれば、神としてのあなた自身の支援により客観性を育てることができるでしょう。それによってあなたは確実に穏やかになり、今あなたをひどく悩ませることにもいらだたなくなるでしょう。

誰かの欠点にいらだつときには、あなたの中にも何らかの誤ちがあるはずです。あなたはそれを知っていますが、すぐに忘れてしまうので、その度に我が身を振り返るための機会が訪れるのです。**明らかに相手側に悪いところがあり、あなたよりもずっと間違っているとしても、それを気にかけてはいけません。**相手の中に山ほどある不完全さに注目するよりも、自分の中の一粒の不完全さを見つける努力をしてください。なぜならば、あなたの平穏を奪っているのは相手の山ほどの悪ではなく、あなた自身の中にある小さな不実の粒なのですから！

二つの防衛手段――厳しさと理想化

同じ根っこから発生する極端な主観性でも、これまでお話しした様子とは大きく異なる形を取ることがあります。ただし、その実際の姿はさまざまです。多くの人間は、自分が愛されていない、批判されている、あるいは少なくとも安全でないと感じさせる人に対しては大変厳しい態度を取ります。それは自分を防衛するためです。自分の価値を確信しているならば不安がありませんから、自然に黙って許せることでしょう。しかし、ほとんどの人は不安なので、自己防衛のために問題のある手段を使うことになります。このような態度には、あなたを愛して安心させてくれる人を盲目的に理想化するのと似たところがあります。どちらの場合も、あなたはその人の中にある、あなたが極めて強い反感を抱くような傾向を見ようとしません。皆さん、これも危険なことなのです。なぜならば、見ようとしないことであなたはあなた自身をうまくだまし、理想的な見方をすることが愛と寛容さであると信じ込ませるからです。あなたは自分を愛してくれるからその人を愛していて、その人の欠点に目をつぶるのは寛容で立派なことだと自分自身を説得します。しかし皆さん、それはほんとうの愛ではありません。ほんとうの愛は現実を見ることができます。この上なく成熟した素晴らしい愛し方がしたいなら、愛する人の欠点に目をつぶろうとせず、ちゃんと見ようとするでしょう。

あなたが頑固なまでに見ようとしないなら、それには二つの理由があります。一つは自尊心です。あなたが選んだ愛する人、そしてあなたを選んで愛してくれるその人には、許せない欠点があってはならないのです。あなたは弱点のない人などいないと知っているので、あなた自身にいくつかの欠点があることを認め、相手の欠点もいくつか認めるかもしれません。しかし欠点の多くは無視し続けます。そのような態度が愛と寛容の証だとあなたは半ば意識的に考えますが、ほんとうは自尊心からそうするのです。さらに第二の理由は、**心の奥底では自分の愛する能力に自信がないので、理想化された相手が必要**

なのです。相手の理想化された姿だけしか見られないならば、あなたの愛はほんものではありません。それは弱さであり、しばしば相手を束縛することにもなります。

皆さん、ほんとうの愛は自由です。そのような愛は真実の検証に耐えながら、今の成長レベルにある相手の中に広がります。その段階に達したなら、あなたの大切な人を、あなたの期待を通してではなく、ありのままに見ることができるでしょう。相手の実際の姿に目をつぶる限り、愛することはできません。実際にあなたは、比較的浅いところの潜在意識では自分に愛する能力がないことに気づいていて、もし事実を見てしまったらもう愛せなくなるかもしれないと恐れ、いつも努めて目をつぶるようにしているのです。あなたの自尊心、そして現時点での愛の能力の欠如は、あなたを極端から極端に走らせます。あなたは親しい大切な人をありのままに見ることを拒否するか、さもなければ厳しく裁きます。その批判自体には根拠があるかもしれませんが……。あなたが反感を覚える部分が相手にあるのは確かな事実かもしれませんが、あなたの知る由もない多くのさまざまな面を含めたその人全体に対する評価は正当なものではありません。

気づくときの危機をどう避けるか

愛する人の欠点にいつまでも目をつぶり続けるならば、重大局面、揺さぶり、痛みを伴う気づきのときがやってきて、深く傷つくことになるのはしばしば避けられません。実は、そのときにあなたを失望させ、傷つけるのは相手ではなく、これまで**意図的に**目をつぶってきたあなた自身の姿勢です。このような危機に陥ったときにあなたが心の底で何よりも恨むのは、自分がこれまで見ようとしなかったことです。皆さん、そのような危機を迎えないようにしてください。相手のありのままを見て愛せるようになれば、それが避けられるでしょう。

皆さんにお勧めしたいことがあります。あなたがこの世で一番愛している人を思い浮かべて、その人の長所と短所を、ちょうど自分自身についてするように挙げてみてください。そして何人かの共通の友人にこう尋ねてみましょう。「あなたはどう思いますか？　私は間違っているでしょうか？　あの人の性質と欠点について、あなたは私と同じようにとらえていますか？　私は自分が客観的に見ているかどうかを知りたいのです。それを私自身の成長に役立てようと思っています」。そして、たぶんあなたよりも第三者的で客観的な人の見方と自分の見方とはどう違うかを調べてみましょう。

あなたが理想化している人についての、あなたの考えつかない、あるいは考えたくもない欠点を聞いたときの自分自身の反応を観察してください。怒りを感じたり、傷ついたりするなら、あなたが客観的に見ていないこと、事実を恐れていることの証拠です。その原因はほとんどの場合、先ほど挙げた二つ、つまりあなたの自尊心、そしてありのままの相手を愛せないことです。そのようなことがなければ、あなたは平静でいられるはずです。たとえ愛する人が実際にはない欠点のことで非難されたとしても、平静でいられるでしょう。場合によっては、愛する人の欠点を考慮に入れるのは大変に健全なことかもしれません。愛する人を正しく評価できるようになれば、あなたの愛はより成熟し、大きく成長することでしょう。**こうして、あなたは真実を見ることができない恐れる子どもの未成熟な愛し方から脱却するのです。**

自分の中にある子どもの精神性を発見する

これまでお話ししたのは、人々が無意識的に間違った認識を持っていて、そこには子どもっぽい精神性が残り続けているということでした。子どもは極端な考えしか持てません。いいか悪いか、完全か不完全か、安全を確保してくれる全能性か、あるいはあってはならない絶望的な弱さか……。二つのうちのいい方しか子どもは受け入れられません。敬愛する親に欠点があり全能ではないことを発見したとき、子どもは親から顔をそむけ、失望と落胆を感じ、憎しみと怒りを抱き始めるか、あるいは親にふさわしくないものを見つけてしまった罪悪感から、その発見を無意識の中に隠してしまいます。これらの反応は、成熟した判断力の下で現実に照らして再評価されない限り、大人になっても魂の中で生き続け、人生を通して人に対する反応や振る舞いのパターンの特徴となり続けます。あなたの現在の人間関係をこのような観点から見つめなおしたとき、初めは辛いと感じるでしょうが、実はあなたの無意識の抵抗が想像させる半分も辛くないでしょう。無意識の言うことを聞き入れてはいけません。真実を求める道を行きなさい。あなたがもっと幸せで自由で、不安のない人へと進化していけることは、私が保証します。

焦点を合わせて見る

皆さんどうか、愛する人、特にパートナーの欠点はよく見えているなどと簡単に言わないでください。

確かにいくつかの欠点は見えるかもしれませんが、おそらくあなたが耐えられるものだけです。それ以外の欠点を見ることを自分に許してはいないでしょう。そのため、あなたは相手の人格全体を把握していません。あなたが見ているのは、過剰に厳しく不寛容な見方をしているときと同じくらい歪んだ像です。どちらの場合も像は焦点が合っていないので、実態を映さない鏡のようです。その二つの鏡は、それぞれ歪み方が違っています。あなたは真実に近づくことが怖いのです。なぜならば、愛する人の不愉快な真実を見ることが耐えられない子どもの感情が残っていて、それを認めたら愛を引っ込めざるを得なくなるからです。しかし、ほんとうはそのようなことにはなりません。**もしあなたがこの特別な探究を行う際に、これによって愛が弱まるわけではなく、かえって愛を育て成熟させることになると知っていれば、現実を見ることに対する抵抗を克服できるでしょう。**

これらの二種類の極端な主観性のうち、あなたが最初にどちらに取り組むべきかを知る必要があります。どちらもあなた方全員が持っていますが、必ず一方が目立っているものです。まずはそちらに集中してください。

皆さん、客観的に見るには勇気も必要です。ほとんどの人は、自分自身はもちろん、相手の真の姿を見ることができるほどまだ強くはありません。**成熟した愛とは、**相手の欠点を知り、目をつぶらずによく見て、すでにそこにある善性を足場にして、**欠点があっても愛することです。**未熟な愛は、相手を白か黒かという目でしか見ません。あなたは知的な成長に伴い、その態度をいくらか抑制しているかもしれませんが……。たぶんあなたは、あなたの個人的な基準と概念に反しない欠点は許すでしょう。**すべての人間が同じ成長レベルにあるかのように人を厳しく裁くのも、未熟さです。**相手はあなたより成長レベルが低くても、別の面では成長しているだけなのかもしれません。ですから比較も判定もできないことなのです。**ただ見るだけにしましょう。**見るとどうしても怒りを感じるならば、それはもう一方の極端さと同じ根っこ、つまり不完全であることを受け入れられず、感情面では子どもであることから発生する反応だということを理解する必要があります。愛する能力が欠けていることを見抜いてください。あなたが幻想や虚栄、自尊心を手放せるよう祈りましょう。あなたはこの真実を土台にして、真の愛を打ち立てられます。

私の大切な皆さん、今夜ここには神のみ使いが訪れ、あなた方を祝福しています。この祝福は、ここにいないすべての人々に、そしてこの教えを実践するすべての人々に届きます。皆さん、この道を歩み続けてください。そうすれば、強い愛と理解力を得られるでしょう。そのためには、自分の存在の奥深くへ入り、ほんとうの自分と向き合わなければなりません。平穏にありますように。神の内にありますように。

8章のまとめのエクササイズ

健全な人間関係には、ありのままの相手を見るための客観性が不可欠です。

人間関係で起きる問題は、多くの場合主観的な見方が根底にあります。主観的な見方により相手の姿は変えられ、歪められて映ります。その像の大部分は、あなたの存在の感情レベルから映し出されます。主観性に基づいた見方には、二つの正反対な種類があります。一つは愛する人を批判的に見ること、そしてもう一つは理想化することです。

親しい人を客観的に見るために、次のエクササイズをしましょう。

もし愛する人を批判的に見る傾向があるならば、まずその人に対する批判をはっきりと具体的に書き出してください。そしてあなたの心の中にある感情、軽蔑、横暴さなどもすべて書いてください。

次に、勇気を出して自分の中を見つめ、あなたが批判したその人の欠点と同じものがないかどうかを調べましょう。ただし、それは別の言葉で表現されるかもしれません。似たような弱点を、あなたはどのように表現するでしょうか？　あなたはそれを受け入れられますか？

それでは次に、あなたの批判するその人が持っている長所で、あなたが見ていない、または軽視しているものとは何でしょう？　それを書いてください。

もし愛する人を理想化しているならば、まずその人の弱点や欠点を挙げてください。詳しく具体的に書いたら、あなたが今まで見たくなかったものが含まれているかどうかを考えてください。弱点を持つ実際のその人を見ることが怖いでしょうか？　それらに目をつぶるのは、プライド、完璧性への子どもじみた欲求、虚栄心があり、自分の愛する力に自信がないからです。

ブライアン・オドネル

第9章　子ども時代の傷を再創造し克服しようとする衝動

私の大切な皆さん、こんにちは。あなた方すべてに神の祝福がありますように。聖なる祝福が一人ひとりに届いて、今日私が話すことを皆さんが理解し、これが実り多い機会になるのを助けてくれますように。

成熟した愛の欠如

子どもが成熟した愛と温かさを十分に与えられることはめったにありません。そのため、その欠如と傷を認識して適切に対処しなければ、一生を通じてそれを求め続けることになります。**子ども時代に受け取れなかったものを求めて無意識の中で叫びながら、大人として生きるようになるのです。**それゆえ成熟した愛し方ができません。このような状態が世代から世代へと引き継がれていくことは、皆さんもおわかりだと思います。

状況が変わりますように、人々が成熟した愛を与えてくれますように、などと願っても解決することはできません。解決の鍵はあなただけが持っています。確かに、両親から成熟した愛を与えられていたら、このような問題は起きていないかもしれません。ところがあなたには、そのような問題が存在しているという明確で十分な認識がありません。成熟した愛を受け取れなかったことに気づき、認識し、かつて無意識にあった願いや悲嘆、思考、概念を実際の状況に即して整理したとき、それらがあなたを苦しませ、生きにくくさせることはなくなります。その結果、あなたはもっと幸せな人間になれるだけでなく、他の人に成熟した愛を差し伸べることもできるようになります。もし、子どもがいるなら子どもに、そしてあなたの周りの人々に……。それによって優しさの連鎖反応を起こすことができます。このように現実に沿った自己修正は、今のあなた方が内面で行っていることとはまったく対照的なものです。あなた方の内面では何が起きているかを、これから見ていきましょう。

自分の中の無意識の思考や感情を探り始めた数少ない人々さえも含め、すべての人々は、子どものころの切望と満たされない思いが大人である今の困難や問題と強く結びついていることに、普段はなかなか気づきません。なぜならば、その関連がどれほど強いものかを、単なる理論としてではなく、身をもって体験的に理解する人はとても稀だからです。これを十分に認識することが不可欠です。

親のどちらかが十分なレベルの成熟した愛を注ぐ例外的な珍しいケースも、おそらくあるでしょう。片方の親がある程度そういう愛し方をしたとしても、もう一方の親はおそらくそうではありません。この地球では成熟した愛は一定のレベルしか存在しないため、愛情のある親であってもその至らなさによって子どもは苦しむのです。

しかし、ほとんどの場合は両親共に感情的に未熟で、子どもが渇望する愛を与えられないか、与えたとしても不十分です。子どものときは、本人がこの欲求を意識することはほとんどありません。子どもは自分の欲求を思考に変換することも、自分の状況と他人の状況を比較することもできません。それ以外のものが存在することを知らず、これは当たり前のことだと信じます。あるいは、極端な場合、自分の状況は誰の状況にも似ていない、ひどく特殊なものだと感じる人もいます。これらの感じ方は共に真実から逸れています。どちらの場合もほんとうの感情は意識されておらず、その感情を正しく評価し折り合いをつけることができません。こうして子どもは自分の不幸の原因も、自分が不幸であることさえもまったく理解しないまま成長します。多くの人々は子ども時代を振り返るとき、自分が必要とした愛は与えられたという確かな感覚を持ちます。なぜならば、実際にある程度は愛されていたからです。

多くの親は愛を大々的に証明しようとします。彼らは、おそらく子どもを甘やかすでしょう。そうするのは、自分には成熟した愛し方ができないのではないかという深い疑念があり、それを過度に埋め合わせようとしたり、ある種の謝罪をするためなのでしょう。子どもは大変に鋭く真実を嗅ぎ分けます。それを意識的に考えることはおそらくできませんが、心の中では、成熟した純粋な愛と、埋め合わせのための未熟で大げさな愛との違いを敏感に感じ取っています。

子どもを指導し、安全を確保するのは親の責任であり、そのためには親の側に権威が必要です。けれども決して罰したり、健全な権威を行使したりしない親がいます。このような過ちは、親の人格が未熟なために、誠実、寛容で温かく穏やかな愛を与えられない罪悪感から生じます。また、非情なまでに厳格な親もいます。そのような親は権威を振りかざし威張り散らして、子どもの個性の発達を妨げます。どちらの親も、親として欠陥があります。彼らの不適切な態度は子どもに取り込まれ、子どもは傷つき、満たされない思いを抱きます。

厳しい親に育てられた子どもは憤りと反抗心を隠さないので、その感情の存在はわかりやすいでしょう。そうでない親の子どもの場合は、同じように強い反抗心がありながらも隠されているので、気づくのはとても難しくなります。あなたの親が息苦しいほどの愛情を与えてくれても、それが純粋な温かみに欠けた偽の愛情だったなら、またはあらゆることを正しく良心的に行っていてもほんとうの温かみに欠けていたら、子どもだったあなたは無意識の中ではそれを知っていて憤慨していたでしょう。しかし、おそらく意識の上ではまったく気づいていませんでした。なぜなら、子どもだったあなたには欠けているものを明確に指摘できるはずがないからです。表面的には、あなたは欲しいものや必要なものはすべて与えられていました。子どもの頭で、どうしたらほんとうの愛情と偽の愛情との微妙で細い境界線を引けるというのでしょう？　合理的に説明できないままに、何かが自分を悩ませているという事実は、あなたに罪悪感と不安を抱かせました。それゆえあなたは、できるだけそれを視野から遠くへ追い払ったのです。

人生の初期の傷や失望、満たされなかった欲求が意識されない限り、それらと折り合いをつけることはできません。どれほど親を好きであろうと、無意識の怒りがあなたの中に存在し、自分を傷つけたことを許せません。それを許して手放すには、心の奥底に潜む傷と怒りを認識することがどうしても必要です。大人になったあなたは、親もただの人間であることがわかります。親は私たちが子どものころに考えたり、期待したりしたほど完璧で欠点のない人間ではなかったのです。しかし、今は拒絶しなくてもいいのです。親には親なりの葛藤や未熟さがあるのですから……。今まで十分に認識することを自分自身に許さなかった感情に、意識的な理性的思考の光を当てなくてはなりません。

大人になってから子ども時代の傷を癒す試み

親の完璧な愛への切望と親への怒りの葛藤を自覚しない限り、あなたは後の人生でその解消を試みることになります。そのための悪戦苦闘はあなたの人生のさまざまな局面に顔を出します。あなたは絶えず問題に遭遇し、決まったパターンに陥ります。そのパターンは、あなたが**子ども時代の状況を再現して、それを修正する**ために出現します。この無意識の強迫的パターンは大きな影響力を持っていますが、あまりにも奥底に隠れているため意識的に理解できないのです！

その状況を正そうとする試みが最も起こりやすいのが、**恋愛対象を選ぶ**ときです。**温かみがなく、誠実で純粋な愛に欠けた親が持っていた特徴を持つパートナーの選び方を、あなたは無意識の中で知っています。**しかし、同時にあなたは、その親よりは要望を満たしてくれたもう一方の親の特徴もパートナーの中に求めるでしょう。あなたのパートナーの中に映し出された両方の親を見出すことは重要ですが、それよりも重要でかつ難しいことは、とりわけあなたを失望させ傷つけた親の特徴、あなたが憤慨し軽蔑し、ほとんど、あるいはまったく愛していない親の特徴を、パートナーの中に見つけることです。結局あなたは、配偶者、または友人やその他の人々の中にいる親と再び会おうとするのです。しかし、それは秘密裏に行われるので、簡単には気づけません。あなたの無意識の中では次のような反応が起こります。あなたの中の子どもは過去を手放すことも、過去と折り合いをつけることも、許すことも、理解し受容することもできないので、いつも似たような状況を創り出し、最後には勝利を収めることで、その状況に屈することなく、ついには支配者になろうとします。負けることはつぶされることです。いかなる代償を払ってもそれは避けねばなりません。実際に、その代償は大きいものです。なぜならば、その壮大な作戦は現実には成功しないからです。あなたの中の子どもが目指したことは、決して達成されません。

この作戦が人間関係に及ぼす弊害

傷を癒そうとするこの方法は、極めて破壊的です。そもそも、あなたが打ち負かされたというのは幻想です。それゆえ、今は勝者になれるというのも幻想です。さらに、子どものころに感じていたと思われる愛の欠如と悲しみはまさに悲劇であるという、あなたがいまだに無意識に抱き続けている感覚も幻想です。実際に存在する唯一の悲劇とは、あなたがかつての状況を再現し、その状況を支配しようとし続けることが、あなたのこれからの幸せを妨害していることです。皆さん、このようなプロセスは無意識の深いところで起こります。もちろん、意識の上ではあなたが何を意図し、望んでいるかを考えたら、これほどあなたの心に沿わないことはありません。子ども時代の悲しみを癒すという秘密の目的を持った状況へと、あなたを繰り返し誘導する感情を掘り起こすには、大変な労力が必要です。

子ども時代の状況を再現するために、あなたは親に似た特徴を持つパートナーを無意識に選びます。しかしそれらの特徴こそが、子ども時代と同じように、あなたの正当な望みである成熟した愛を受け取れなくさせているのです。それを知らないあなたは、もっと強く要求すれば、親であるパートナーは今度こそ折れて従ってくれると信じています。しかし実際は、そうしても愛は得られません。**延々と繰り返されるこのパターンから逃れたときにだけ、親の愛を必死に求めることをやめられるのです。そしてそのとき、あなたがほんとうに必要とし欲している成熟さを見出すためのパートナー、あるいはそれ以外の人間関係を求めるようになります。**子どもとして愛を要求しなくなると、あなたは自分から愛そうとするようになります。ところが、たとえあなたが成長し進歩して愛せるようになっていても、あなたの中にいる子どもにとっては、それが不可能なことに映ります。このような隠れた葛藤があるために、あなたの魂は成長しようにもできないでいるのです。

あなたにパートナーがいて、このような葛藤があることを発見したなら、パートナーには親の未熟な特徴に似ているところがあることに気づくでしょう。あなたが絶えず親との再会を模索していたころは、パートナーに未熟な特徴があることは悲劇でした。でも真に成熟した大人は稀にしかいないことを知っている今のあなたは、もう悲劇だとは思いません。もちろん、親との再会など起きるわけがなかったのです。あなたは未熟さと限界を抱えながらも、過去を再現して修正しようとする子どもじみた強迫的行為をしない、成熟した人間関係を築けるでしょう。

あなたの無意識が「今度こそ成功するだろう」と期待しながら、その劇をいわば再演することにどれだけ夢中になっているかを、あなたはまったく知りません。しかし、結果はいつも同じなのです！　時間が経つにつれて、失望は毎回重さを増し、魂はますます意欲を失います。

無意識のいくぶん深いところにある未知の領域まで降りて行ったことのない人々にとって、このようなことは荒唐無稽な作り話に聞こえるでしょう。しかし、自分自身の隠れた傾向や強迫的衝動、イメージがどれだけ影響力を持っているかを理解した人々は、これを信じるだけでなく、すぐさま個人の生活においてそれが真実であることを身をもって知るでしょう。これまで見出した他のさまざまな事実から、あなたは無意識の思考の作用がどれだけ強力か、破壊的で非論理的なことをどれだけ狡猾に行うかをすでに知っていることでしょう。

子ども時代の痛みを再体験する

このような観点から自分の問題や不満を見て、いつもの方法で感情を表面化させることができるようになると、あなたはさらなる洞察を得るでしょう。でも皆さん、幸せな子ども時代を送ったとしても、満たされないものを求め、傷つけられて泣いていた子どものあなたを再体験することは必要です。あなたが幸せだったのは確かなことで、自分を偽っているわけではないでしょう。なぜならば、幸せでもあり不幸でもあるということはあり得るからです。今のあなたは子ども時代の幸せだった側面をはっきりと自覚していますが、自分が深く傷ついたことや切なる望みについては、かつてはそれが何であるかさえわからず、自覚していませんでした。その状況を当たり前のことと受けとめていたのです。何が欠けているのか、さらには欠けていることさえも知りませんでした。真摯に内面的成長を求めるなら、この根底にある不幸せを表面に浮き上がらせ、気づかなければなりません。あなたが視野から外している、かつての激しい苦しみを再体験する必要があるのですが、今こそ、これまでに培った意識的な理解力をもって、その痛みを見つめなければなりません。そうして初めてあなたは今ある問題の実際の重要性を知り、それらをありのままに見ることができるのです。

さて、どうしたらそれほど昔の傷を再体験できるのでしょうか？　皆さん、方法は一つしかありません。今抱えている問題と向き合うことです。その問題を覆っているあなたの反応の層を残らずはがしましょう。初めに現れる層はとても便利な正当化の層です。正当化とは、あなた以外の人々や環境が悪いのであって、あなた自身の内奥に葛藤があるせいではない、その葛藤によってあなたが今実際にある問題に不適切な態度を取っているわけではない、と「証明する」ことです。そして次に現れる層はおそらく怒り、恨み、不安、いらだちの層です。これらのすべての感情的反応の背景には、愛されないという痛みがあることがわかるでしょう。あなたが現在困難な状況にあり、愛されないと感じ傷ついているなら、その状況を利用して子ども時代の痛みに気づくことができます。今ある痛みと向き合いながら昔を振り返り、親との間に起こったことについて改めて考えてみましょう。親はあなたに何を与えたでしょう？　親のことをほんとうはどう感じていたのでしょう？　するとあなたは、子ども時代にははっきり認識できなかった何かが多くの面で欠けていたことに気づくでしょう。それは子どもだったあなたにとって、知りたくないことでした。それにより子どものときのあなたは傷ついたに違いないとわかっても、意識レベルではその痛みを忘れていることでしょう。ところが、それは決して忘れられたわけではありません。あなたが今抱えている問題がもたらす痛みは、子ども時代の痛みとまさに同じものです。現在の痛みを子ども時代の痛みと比べながらよく見てください。そのとき、ようやくそれらがまったく同じであることが鮮明になるでしょう。あなたの今の苦しみがどれほど真実で無理からぬことであっても、それは子ども時代の苦しみと同じものです。しばらくすると、あなたは子ども時代の傷を治そうとして、自分自身が今の痛みの発生に手を貸していることに気づくでしょう。でも最初は苦しみが同じものであると感じ取るだけでいいのです。しかしながら、これには大変な努力が要ります。なぜならば、過去の苦しみはもちろん、現在の苦しみはさまざまな感情により幾重にも覆い隠されているからです。あなたが今感じている苦しみのすべてが明確にならない限り、この理解を深めることはできません。

これらの二つの苦しみを同時に感じて、それらはまったく同じであることに気づけたなら、次のステップははるかに容易です。あなたの経験するさまざまな困難において繰り返されるパターンを見抜くと、あなたを傷つけた、あるいは今傷つけている人々と親とが似ていることがわかってくるでしょう。その類似性を感情面で体験したなら、根底にあるこの葛藤の解消への道をさらに前進したことになります。単に考えて判断しただけでは何も得られません。実り多く確実な結果を得たいならば、単なる知的認識を超えたところで状況の再創造が断ち切られなくてはなりません。今の時点で満たされていないことの苦しみと子ども時代に満たされなかったことの苦しみを感じるのを自分に許し、その二つの苦しみをつき合わせ、別々の二枚の写真のスライドが徐々に重なっていくようにそれらを移動させて、最後にはぴったりと合わせてください。**今の苦しみと当時の苦しみを体験する**ことで、あなたは、自分の心の奥底には負けを認めるわけにはいかないという思いがあり、それゆえにいまの状況を招く必要があると考えたことを理解し始めるでしょう。それを理解できたとき、あなたが得た洞察とまさに私が言ったような感覚の体験により、次の段階へと進めるでしょう。

言うまでもなく、多くの人々は現在の苦しみにも過去の苦しみにも気づいてさえいません。いつも懸命に視野から外しているのです。彼らの問題は「苦しみ」としては見えていません。彼らが第一歩を踏み出すには、そのような苦しみがあることに気づくこと、そしてそれに気づかない限り、その苦しみはさらなる痛みを与え続けることを理解することです。ほとんどの人はその苦しみを恐れ、それを無視すればやがてどこかへ行ってしまうだろうと信じる方を好みます。そうして安心しようとしたのは、ただ自分の中にある葛藤が耐えられないほど大きくなったからです。長い目で見れば隠れた葛藤は現れている葛藤と同じくらいの被害を与えることをしっかりと認識し、この道を選べば、はるかに素晴らしい結果が待っています。そのとき、ほんとうの感情を見出すことを恐れなくなるでしょう。一時的には激しい苦しみを感じながらも、そのとき苦しみは健全な成長への苦しみとなり、辛さや緊張、不安、いらだちは伴わないことがわかるでしょう。

また、ネガティブな形でその苦しみに耐えながら、周囲が癒してくれることを常に期待している人々がいます。そのような人々は、ある意味解決に近いところにいると言えます。なぜならば、子どもじみたプロセスが今も持続していることを簡単に自覚できるからです。彼らにとっての周囲とは、自分を侮辱する親が投影された人々です。ですから、苦しみに取り組む方向を変えればいいだけです。苦しみを発見する必要はありませんから。

再創造を止める方法

これらの感情をすべて感じ取り、「今」と「当時」を照らし合わせて初めて、あなたは自分が状況を修正しようとしていたことを自覚できます。そのときさらに見えてくるのは、子ども時代の傷を再創造したいという無意識の欲望の愚かさと、その挫折感をもたらす不毛さです。あなたは自分のすべての行動と感情的反応を、今までとは異なる理解と洞察をもって調べるでしょう。そして、直ちに親を釈放するでしょう。子ども時代をきっぱりと過去のものにし、新しい内面的パターンが生まれます。そのパターンはこれまでのものよりも限りなく建設的で、あなたにとっても周囲の人々にとってもいい影響を与えます。子どものときに支配できなかった状況を支配できるようになろうとは、もう思いません。あなたは今いる場所から進もうとし、過去は忘れて心から許します。自分がそうしたことさえ考えません。子ども時代にあったような、どうしても愛されたいという思いはもう感じなくなりました。初めはまだ自分にそのような思いがあることに気づきますが、やがてそのような愛は求めなくなります。もう子どもではないあなたは、以前のような方法で愛を得ようとはしません。愛が与えられることを期待するのではなく、愛を与えることで愛を得ようとするでしょう。しかし、常に強調しておきたいのは、多くの人々は自分が愛されることを期待しているとは思っていないことです。その子どもじみた無意識の期待はほとんど裏切られるので、人々は愛への期待と願望をすっかり捨ててしまいます。言うまでもなくそれは行き過ぎた反応なので、本心ではなく、健全でもありません。

このような内面的葛藤に取り組むことは、すべての人にとって重要です。それによりあなたは新たな観点を得て、自分についてさらなる発見をするでしょう。私の話を聞いても初めのうちはおそらくところどころしか理解できず、感情が少しの間湧き上がるだけかもしれません。しかしこれは、あなたが今までよりも自分を知り、より現実的で成熟した観点から自分の人生を評価することに役立ち、それを促すでしょう。

それでは、このレクチャーに関して何か質問がありますか？

質問：どちらかの親にあった嫌な性格とまったく同じものを持つ人をいつも恋愛対象に選んでしまうということが、私にはとても理解できないのです。その相手は、実際にそのような性格なのでしょうか？　それともそのような性格が相手に投影され、それに反応しているのでしょうか？

実際に相手がそのような性格を持っていて、しかも投影も起きていることもありますが、どちらか一方の場合もあります。多くの場合は双方の組み合わせです。無意識に特定の特徴を見つけ出しますが、似ていることも事実です。しかし状況を再創造しようとすることで、相手の実際の類似性が増幅されるのです。その性質が実際には相手にない単なる投影であることはなく、部分的に隠れていてはっきりとは見えなくなっているのです。自覚しない内面的問題を抱える側の態度が、相手のその性質を強い力で表に引っぱり出します。相手から親と同じような反応を誘い出すことで、相手の中の何かを育てるのです。この場合、もちろん無意識に行われるその挑発的態度は、大変強い影響力を持ちます。

人間の人格全体は、実にさまざまな要素から成っています。状況を再創造しようとしている方の親に似ている特徴を、相手側が実際に三つか四つ持っているとします。その場合、最も目につくのは、似たような未熟さと愛する能力の欠如でしょう。かつての状況を再び創り出すには、基本的にはそれだけで十分な効果があります。

相手は、あなたに対してする反応をあなた以外の人にはしないかもしれません。なぜならば、挑発してその反応をいつも引き出しているのはあなただからです。あなたはそうして子ども時代と似た状況を創り出し、それを修正しようとするのです。あなたの恐れ、自責の念、いらだち、怒り、憎しみ、そして愛を引っ込める姿勢……。あなたの中の子どもにあるこれらの傾向がいつも相手を刺激し、相手の弱くて未熟な部分からの反応を強く引き出します。ところがより成熟した人は相手にそのような影響は与えず、相手の成熟した健全な部分を引き出すでしょう。成熟した要素を持たない人はいませんから。

質問：自分が相手を挑発したのか、それとも相手が自分を挑発したのか、どうやって見分ければいいのでしょう?

どちらが先に仕掛けたかを究明する必要はありません。これは連鎖反応であり、悪循環だからです。まず、あなた自身が挑発していないかどうかを考えることが大切です。相手からのあからさまな、あるいは密かな挑発にあなたが反応しているのかもしれません。するとあなたは相手から挑発されたので自分も挑発することを認識するでしょう。あなたがそうすることで、相手も再び同様の反応をしてしまうのです。しかし、そもそもなぜあなたは傷つき、そのため相手を挑発してしまったのかを、表面的ではなくほんとうの理由をよく考えて理解したなら、もうあなたは傷ついたことをひどく惨めなこととは考えなくなるでしょう。傷つけられたときの反応が変わり、結果的にその痛みは自然と軽くなるでしょう。それゆえ、あなたはもう相手を挑発する必要も感じなくなります。そして子ども時代の状況を再創造する必要性も減ると、あなたは内にこもることが少なくなり、人を傷つけることも極めて少なくなるので、相手にもあなたを挑発したいという気持ちが起きません。もし相手から挑発されたとしても、その人はあなたがしたように子どもじみた無知な思いから反応しただけであることを、すでにあなたは理解しています。さらにあなたは、自分から先に挑発したことをわかっていたときでさえも、相手が挑発する動機は自分が挑発する動機とは違うと考えたことを自覚します。自分の傷に対して異なる見方ができるようになり、その傷のほんとうの原因を理解すれば、あなたは同じように相手からの挑発に対しても冷静でいられます。そうして自分も相手もまったく同じ反応をしていることを発見するでしょう。あなたの中で子どもの葛藤が解消されない限り、あなたと相手とはひどく違っているように見えます。しかし現実を認識したとき、あなたは繰り返されるその悪循環を断ち切ることができ始めます。

そのような相互作用をはっきりと見抜いたとき、あなた方が一人残らず背負っている孤独感と罪悪感を手放すことができます。あなた方はいつも自分の罪悪感と、周囲の人に向けた不正への非難との間を揺れ動いています。あなたの中の子どもは自分の世界に浸りながら、自分は他の人間とはまったく違うと感じています。そのような有害な幻想の中で生きています。その葛藤を解消したとき、他の人々に対するあなたの気づきが高まります。しかし今のところは、彼らの実際の姿をあまりにも認識していません。あなたは人を責め、人からひどく傷つけられます。なぜなら、あなたは自分自身を理解しておらず、それゆえ相手をも理解できないからです。同時にその一方で、あなたは傷つけられたことを自覚しないようにします。これは矛盾しているようですが、そうではありません。今夜説明した相互作用をあなた自身が経験すれば、これがほんとうであるとわかるでしょう。あなたは自分が受けた傷を過大視することがある一方で、傷つけられたことをまったく認めないこともあります。なぜならば、それはあなたが頭に描く状況にそぐわないと思うからです。それはあなたが打ち立てた想念を台無しにするかもしれないし、その時点での願望とは相容れないのかもしれません。もしその状況がその他の点では好ましく、しかも先入観に矛盾しないように見えるなら、あなたは神経に触るものはことごとく無視します。その結果、それらは心にわだかまって無意識の憎しみを生み出してしまいます。このような反応はすべて、少なくともこの点に関するあなたの直観の働きを妨害します。

人間の間で常習的に行われているこのような挑発を今のあなた方は気づいていませんが、それが現実であることをいつかはっきりと認識するでしょう。その結果、あなたとあなたの周囲の人々の心は大いに解放されるでしょう。皆さん、白分自身の道を進んでください。私たちからあなた方に送られる祝福があなたの体と魂、霊を包み込み、浸透し、その結果あなたが魂を開き、真の自己、あなた自身の真の自己になれますように。皆さんに祝福がありますように。平穏にありますように。神の内にありますように。

9章のまとめのエクササイズ

誰かに腹が立ったとき、あるいは誰かを裁きたくなったときは、次のような方法で対処することができます。霊的な道としての人間関係という文脈で見れば、自分の内面を見つめることこそが相手との、それゆえ神との距離を縮める方法です。他の人の弱点を指摘したり改善させたりするのは、あなたの仕事ではありません（勝者になろうとすると、ついついそうしてしまうものです）。相手を裁かないようにするのは、特にその理由が相手の実際の短所に基づいていて、それゆえ部分的には事実であるときは、大変難しいものです。それでも人は皆このような作業を通して、自分の過ちやネガティブさに自分自身で気づかなくてはなりません。以前にはわからなかったことを自分の力で発見した経験は、誰にでもあるでしょう。自分が知っているべきことを他の人から指摘されるよりも、そうして自分で気づく方がはるかに気分がいいでしょう。

自分の不幸を誰かのせいにしている自分を発見するたびに、これを繰り返してください。繰り返すうちに自分を正直に出すことができ、信頼を得るようになり、人間関係は深まり、理解が増していくでしょう。長く続く人間関係は、自己の内面を見つめて反省する努力によって支えられます。人間関係に新鮮さが失われてくると、しばしば私たちは変化が必要だと考えます。パスワークはこのようにアドバイスします。「この上なく刺激的な旅は内面への旅であり、それを誰かと分かち合うことは最も偉大な冒険なのです」

ウェンディ・ハバード

第10章　ネガティブな状況に結びつく生のエネルギー

こんにちは、私の大切な皆さん。あなた方一人ひとりに祝福がありますように。あなたがこのレクチャーを外面的にだけでなく、内面的にも理解するとき、この祝福の持つ力が助けてくれますように。

破壊性や病気、戦争、残忍さは、なぜ存在し続けるのでしょうか？　これにはさまざまな原因が挙げられてきましたが、今まで見逃されていたことを話したいと思います。

私はこれまで、間違った概念、つまり人生の的外れな解釈が無意識の中にあり、それが争いを生むことをたびたび指摘してきました。これ自体はまったくの真実です。しかしもう一つの要素が加わらなければ、間違った概念が力を持つことはありません。その要素とは、露骨な破壊的言動のような形で現れる純粋なネガティブさよりも、ポジティブな生命原理に結びついて連携する破壊性の方がはるかに影響力が大きいという事実です。このことが、この地球次元でのさまざまな現象を特別に深刻で厳しいものにしています。別の言葉で言えば、ポジティブなエネルギーがネガティブさや破壊的態度と混ざり合い、**それらが一緒に働くことで邪悪が生まれるのです**。つまり、ほんとうの破壊性が生まれるのは、真実が歪められることだけが原因ではなく、宇宙的な生命原理とその建設的な力に蔓延している歪みが原因でもあるのです。そのポジティブな生命原理が関わらなければ、邪悪さや破壊性が生まれてもすぐに消えてしまうことでしょう。

力強い生のエネルギーは、人間の意識の場合、特に恋愛関係によって得ることができます。恋愛を経験したいという欲や願望がネガティブな状況に結びつけば、必ず問題が起きたり、いらだったりすることになるでしょう。すべての人は子ども時代の何らかの傷や苦しみを抱えているという観点から、あなた自身をよく見つめてください。あなた方の中には自分が傷つけられたときに独特なプロセスが働くことを、かすかにでも気づき始めた人がいるかもしれません。それは、**エロスの原理や喜びの原理があなたの傷、苦しみ、痛みのために働く、というプロセスです。**性格や気質に従ってさまざまな感情がこの傷から生じ、喜びの原理と連携します。このような結びつきが実にさまざまな個人的問題や好まざる状況を招くのです。

残忍さと喜びの連携

この地球に住む多くの魂は集団を形成し、あちこちで対立し合います。これまで話したようなプロセスが人間の内面で起きていることに気づき、とんでもない数の人々が残忍な空想と喜びとの連携を体験し得ることを理解すると、そこに戦争の実際の中核、つまり残忍さそのものがあることを理解します。だからといって、あなたが罪悪感を持つ必要はありません。それよりも、そこから学ぶことであなたが解き放たれ、内面的プロセスの変容を受け入れることができればいいのです。なぜこのようなことになったのかを、すでにあなたは知ったのですから……。喜びの原理を伴わない残忍さは、実際には決して大きな影響を及ぼしません。残忍さと喜びの連携に気づかなければ、それが人間の放つ全体的風潮に与えている影響を弱めることは決してできません。

実際に行った残忍な行為にせよ、あなたの想像したことにせよ、何らかの形で残忍さを経験したことがあるなら、あなたの喜びの原理はその状況と結びつき、ある程度残忍さと連結して機能したのです。多くの場合は罪悪感と羞恥心を強く感じるので、その妄想的経験はすべてなかったことにされます。しかしときには意識にのぼることもあります。これに気づき、大局的な観点から理解することが必要です。なぜならば、それをほんとうに理解したなら罪悪感と羞恥心を持つことはなくなるからです。理解が深まるにつれて、喜びの原理は徐々にポジティブなできごとに反応するようになるでしょう。

喜びの原理と残忍さの連携は、能動的にも受動的にも作用します。それゆえ残忍な行為をすること、残忍な行為を受けること、あるいはその両方が喜びの体験になります。喜びの原理が残忍さと結合して極めて強力に機能できる状況があれば、喜びの原理はその状況に結びつき、その結果愛は抑制され、制限されます。そうして愛を実際に経験できなくなるのです。そのとき愛は、維持することも成就することもできない漠然としたあこがれでしかなくなります。このような状況のもとでは、愛は人格の他の部分にとってはそうであるような魅惑的な快い経験ではありません。愛の喜びにあこがれながらも、喜びの原理とネガティブさとが結びつくことを恐れるあまり愛の経験を拒否し、しかもその事実を認識しないため、しばしば深い絶望が生まれます。まさにこの事実を深く見抜かない限り、その絶望を理解し和らげることはできません。

状況がもう少し穏やかで、子どもはさほど露骨な残忍さを経験せず、ただそれとなく拒否されたり、受け入れられなかったりする場合には、喜びの原理はそれと似たような状況に結びつくでしょう。その結果、受け入れて欲しいと意識的に感じているにもかかわらず、拒否に出会わなければ喜びの流れは起きないでしょう。これは場合によって程度も様相も異なります。たとえば、子どものある部分は受け入れられ、他の部分が拒否されるような例もあります。その場合、喜びの原理はそれとそっくりな両面性のある状況に結びつきます。その結果、実際の人間関係での葛藤が生まれるのです。

初めに挙げた、**残忍さが喜びの原理または生の原理に結びつく**——これらは同じものですが——という激しい例では、**人間関係はあまりにも危険なものになるので、多くの場合その事態は全面的に避けられます**。または、この二つが連携していることに気づくと大変戸惑い、恐ろしくなるので、その人間関係を維持することは不可能になるでしょう。あるいは、自己を抑え込んでしまうかもしれません。なぜならば、残忍な行為をしたい、あるいはそれを受けたいという願望を恥ずかしく感じるため、自然な反応が抑止され、あらゆる感情を感じないように鈍感になるからです。

私の大切な皆さん、この原理を理解することは非常に重要です。これは個人に当てはまるだけでなく、人類全体にも当てはまる原理なのです。心理学と霊性学はまだ十分に統合されていないので、ほとんどの人はこれを十分理解していません。漠然とではありますが、心理学はこの事実を掌握しようと試み、いくらかの成果をあげました。しかし、文明とその進化、宿命という観点からの大きな重要性は理解されていません。人類全体は今、生の真実を理解するための準備ができたのです。

内面の変化による進化

進化とは、一人ひとりの個人が自己と向き合い、自己を理解することで、内面における喜びの原理の方向性を徐々に変えることです。自然にポジティブなできごとや状況、状態に対して反応するようになる人が増えていくでしょう。

意志の働きが自己の内面を直接変えることができないのは、皆さんも知っていますね。意志の直接的な働きは、このような霊的な道のワークを継続させるために使うべきものです。自己を見つめ、自己理解に対する抵抗を発見し、克服するために、意思と勇気を養ってください。意志とエゴの能力をこのように建設的に使えば、ほんとうに変わることができます。その変化は努力とは別のところで、まるで無関係に進んだように感じられるかもしれません。しかし、進歩と成長はこのように起きるのです。

成長のプロセスを通して、魂の活動とエネルギーの方向性が変わる人が一人、また一人と徐々に増えていきます。そして、精神の内にある宇宙の活動は、純粋にポジティブな状態において発現されるようになるでしょう。ポジティブな感覚や快い感覚をネガティブな状況から得ることは、もうなくなります。

今のあなた方は、ネガティブなことと快い感覚とが連携していることに気づかないようにしています。そのように抑制したり、否定したり、あるいは目をそらしたりせずに、直視しなくてはなりません。罪悪感や羞恥心を持たずにこれを理解してください。あなたは成長するにつれ、どのような不完全さも、勇気を持って受け入れた上で理解しなくては変えられないことがわかってくるでしょう。

喜びの流れとネガティブな状態の「結婚」

　皆さん、自分の内面で起こる喜びの流れとネガティブな状態との特殊な「結婚」を見出してください。あなたの魂のエネルギーにその特殊な意味をもつ結婚が起きることがわかると、あなたの内面の問題がどのように外側に現れているかを知り、よく理解するようになるでしょう。それにより、あなたは救われた思いがするはずです。あなたの精神の中で起こるポジティブなエネルギーとネガティブなエネルギーとの結婚をはっきり見て取り、その理屈を知れば、あなたの不満とはどのようなものかがわかるでしょう。これはどの程度――おそらくあなたの幻想の中にだけ――現れているでしょうか？　またそれは、気の合う者同士での自己表現や一体化、経験、恐れのない自己実現をどのように妨げているでしょうか？　やがてあなたは、なぜ自分を自分自身や世間から隠し続けているのか、なぜ自分自身の感情を感じようとせず、極めて自発的で創造的な内なるエネルギーを抑え込んでいるのかを見抜けるようになるでしょう。そして、なぜときに大変な苦痛を伴いながらも感情を遮断し、それを正当化し、理屈でごまかそうとするのかということも……。

　さて、このことについて質問はありますか？

質問：私は愛のエネルギーと残忍さのエネルギーの結婚について、もう少し具体的に知りたいと思います。たとえば、子どもが母親に拒否されていると感じている場合、その結婚が意味することは、その子は復讐心、つまり、言わば母親に対してある種のサディスティックな願望を抱かずに喜びを感じることができないということでしょうか？　たぶん、これは現実的な願望ではなく、幻想の中で起きることだと思いますが……。そしておそらく彼は、パートナーが自分にとっては母親を象徴していることに気づきません。

はい、おそらくその通りでしょう。さらに言えば、再び拒否されたり、少し拒否されたり、あるいは拒否を恐れたりしない限り、喜びを感じられないかもしれません。

質問：でも彼は、拒否されることに喜びは感じませんよね。

もちろん感じません。しかしその子は、ネガティブなできごとや苦しみを耐え易くするために喜びの原理を利用するのです。それは意図するわけでなく、無意識に、ほとんど自動的に起こります。言わば、心ならずも喜びの原理がネガティブな状態と連携するのです。その自動的な反射的反応は互いにかみ合い、もともとあった喜びの流れと辛いできごとが連携するという事態にまで発展します。個人がそれを終わらせるには、自身が幻想の中で行っていることをよく調べるしかありません。

質問：ということは、その子は拒否されるという状況を再創造したがっているのでしょうか？

もちろん、意識的にそれを願っているわけではありません。誰も拒否されたいとは思いませんから。

問題は、人々は意識の上では受容され愛されたいと思いながら、無意識では完全な受容と好ましい状況に対する抵抗があることです。このような場合、喜びの原理はすでにネガティブな方向に逸れているので、それに気づいて理解しない限り方向性は変えられません。これがまさに、喜びの原理が意識的な願いとは逆に作用してしまうという矛盾の本質なのです。拒否されることを無意識的に望んでいるとは言えませんが、その反射的反応は、子ども時代にこの作用が人生を少しましなものにしてくれたときには、すでに確立されていたのです。わかりますか？

質問：拒否されたときに喜びを感じるということがどうしても理解できません。報復するときならわかりますが……。それなら理解できます。

おそらくあなたは受容され、愛され、あまりにも安心すると退屈になることも——これは頻繁に目にすることですが——想像できると思います。このことも、習慣になるとどうしてもわくわくしなくなるものだと主張したり、あるいは他の同じような言い逃れによって正当化されてしまいます。しかし、もしこのレクチャーで話しているような要因がなければ、そうはならないでしょう。生のエネルギーがネガティブなものに結びつくと、わくわく感や興味、いきいきとした感覚は、不安で不幸な目にあわない限り生じません。このような状況はあなたもよく目にすることでしょう。ネガティブな状況が幻想の中だけに現れることもあります。このような幻想は、何らかの形で苦しみや屈辱、敵意などに結びついています。そのとき、この状態はマゾヒズム、あるいはサディズムと呼ばれます。

質問：こんな状態はいつ終わるのですか？　生まれ変わる度に毎回同じことが繰り返されます。

よく見れば、人によって差があることがわかります。もっと健康的に機能している場合もあり、その人たちの喜びの原理はポジティブな状況の方により強く反応します。ここに進化が起きています。精神の中が完璧にポジティブな状態になれば、生まれ変わる必要はもはやなくなります。そのとき、進化は別のレベルへと進みます。すべての人間はある程度のネガティブさを持っており、そのネガティブさは生のエネルギーによって何らかの形で活性化され、実行され、養われるのです。しかし程度には差があり、その程度は進化のプロセスを明確に示しています。

幻想と現実は共存させることができる

世の中には人との直接的な関係をまったく持つことができず、ネガティブな経験に固く結びついた幻想の中でのみ生きる極端な人がいます。また、それとは正反対に、成熟に伴って幻想と現実とを、最もポジティブな好ましい意味で共存させる人もいます。幻想と現実との共存とは、幻想の活動が抑制されるわけではなく、それをすっかり乗り越えることです。なぜならば現実の方が、ポジティブなできごとや状況と同様に、好ましく快いからです。これらは両極端ですが、その間には多くの異なる度合いがあります。そこに進化のプロセスを見ることができます。

このことに関して、もう一つつけ加えておきたいと思います。これはあなた方に限ったことではなく、一般的に言えることです。皆さん、幻想と現実の対立に対するよくある反応には二種類あり、その違いを見分けることも役に立ちます。それらの反応は両方とも、多くの場合は無意識に起こります。一つは徹底的な否認で、それによりいかなるネガティブさも、たとえ幻想の中でさえも認識できなくすることです。これは恐れや罪悪感、羞恥心からくる反応です。もう一方の反応は、幻想を抱いていることをはっきりと認識しているものの、他の方法で喜びの原理を経験できない場合です。これは実際に人間関係を持っているかどうかには関係ありません。これが起こるのは性と愛、エロスと愛、またはエロスと性が分離しているときです。これらの場合、幻想に生きることをやめれば喜びが完全に失われるのではないかとの恐れから、幻想を放棄することへの半ば無意識的な抵抗が存在します。その人は、ポジティブなもの同士が融合したときには、純粋で健全な喜びの原理が顕在化し、はるかに素晴らしく満足する思いができることがわかっていません。それでは退屈でつまらないだろうと想像するのです。なぜならば、それらが対立しているため、現実生活の実際の人間関係が幻想よりも深い満足感を与えてくれるとは決して思えないからです。それゆえ、幻想を放棄することは喜びも放棄することだと考えます。そしてもちろん、喜びを手放したくはないでしょう。

二種類の罪悪感

今夜もう一つ指摘しておきたいことがあります。それは**罪悪感**についてです。前にも言ったように、罪悪感は誰にでもあるものです。あらゆるイメージに罪悪感が織り込まれています。大切なのは、**罪悪感には二種類ある**ことを理解することです。それは理不尽な罪悪感と、筋の通った罪悪感です。人々はしばしば理不尽で愚かな罪悪感を持つことで、その背後にあるほんとうの罪悪感を無意識にかばい、隠蔽しようとします。なぜでしょう？　それは、心の奥底ではその理不尽な罪悪感が馬鹿げたものだと知っているからです。まるで、こう言いたいかのようです。「ご存知の通り、私は自分が罪深い人間だと宣言しています。ほんとうはそんなこと、言う必要ないんですけどね」。しかし真に認識し、直視し、変えるべきものが発する耳障りな声を、あなたは決して消すことはできません。でもあなたは直視したくないのです。それゆえあなたは、自分が非難されないようなことを無意識に探します。そうしてあなたは愚かな罪悪感が発する内なる声に反論し、そんなことで自分が悩まされる筋合いはないと言い負かそうとするのです。もちろん、これはすべて無意識のうちに行われます。皮肉なことに、多くの場合、ほんとうの罪悪感はおそらくあなたが隠れ蓑として利用する愚かな罪悪感よりもはるかに他愛のないものです。

愚かな罪悪感とは何でしょう？　それらのほとんどは、自分が完璧ではないという理由で感じるものです。完璧になりたいと思うのは賞賛すべきことです。憎しみや恨み、攻撃性を捨てて愛と無私に生きることは、どう称賛しても足りないほどです。しかし、その段階まで到達するには、まずはあなたの現在の成長段階、つまり今のあなたは今の感じ方しかできないことを認識して受け入れなければなりません。ただちに今のあなたを超えることはできないのです。あなたがまだそのような段階にいることに罪悪感を抱くなら、あなたはまさに到達しようとしている目標を遠ざけているのです。皆さん、私がたびたび何回も同じことを言うのはわかっていますが、そうする必要があるのです。今のあなたが完璧でないから自分を責めるのは、理不尽な罪悪感であることを強調しておきます。その理不尽な罪悪感は、人格のすべての領域にまで広がります。このような観点からあなたの罪悪感をよく調べてください。そうすれば、自分の中にこの種の罪悪感があることを発見するでしょう。

性的衝動に対する罪悪感は筋が通っているか

その他の理不尽な罪悪感には、性的衝動に対するものがあります。これは人々の集団的なイメージにより刺激される罪悪感です。あなた方の誰もが、その衝動に対して罪悪感を持っています。知性の影響が及ぶ心の表面的な部分にはないかもしれませんが、感情の奥底には確実に存在します。**性的衝動に対する罪悪感は、筋の通らない愚かな罪悪感です。**性のエネルギーが愛と融合していないために然るべき流れ方をしない、という表現が正しいかもしれません。しかしそうなる原因は、まさに性のエネルギーへの罪悪感があり、できるだけそれに気づかないよう抑圧していることです。そのため性のエネルギーは人格の他の部分と共に成長して、温かく優しく寛容で利己心のない感情と統合することができなかったのです。そして子どもじみた自分本位で我儘なものにとどまってしまいました。

性に関するあなた方の無意識的な過ちは、本来のあるがままの性が原因ではなく、性的衝動が**間違った方向に行って分離している**ことが原因です。性のエネルギーがあるからといって罪悪感を抱く理由はありません。罪があると思われるものを排除しようとして、それができずに罪悪感を抱くのは、誤解に基づいた態度です。この問題を解決するには、性的衝動を排除するのではなく、愛への恐れをなくすこと――つまり本質的には利己的なものである恐れを手放すことです。もし愛することを自分に許したなら、性的な衝動は愛と融合し、性に罪悪感を抱く理由はなくなります。皆さん、どうぞこれを理解するよう努めてください。あなた方の無意識の思考がどれほど混乱しているかを理解してください。**あなたは人から距離を置いて利己的に生きるがゆえに愛を恐れていることには罪悪感を抱かずに、神が与えたエネルギーに罪悪感を抱いているのです。その性的衝動と、宇宙の中のただ一つの実在であり、救済手段であるもの、つまり愛とを連携させなさい。**愛と性のエネルギーを連携させるには、あなたがまさに今歩んでいるその道で魂を成長させるしかありません。

筋の通った罪悪感とはどのようなものか

それでは、筋の通った罪悪感とはどのようなものでしょうか？ 利己主義が自分を守るという無知な信念に基づいて**人を傷つけるなら、そのときに抱く罪悪感は筋が通っています。**その傷つけ方が能動的であるか受動的であるか、作為的であるか不作為的であるかは問題ではありません。皆さん、現在の自分が完全でないことに対する罪悪感と、身勝手に人を傷つけることの罪悪感とをはっきり区別してください。不完全であること自体に罪悪感を抱く必要はありません。しかし、人を傷つけることに対する罪悪感は、そのようなつもりがなかったとしても、そしてあなたの不完全さや浅はかさ、無知が原因だったとしても、筋の通ったものであり、あなたは勇気をもって正面からそれに向き合わなくてはなりません。これらの二種類の罪悪感には、微妙でとらえにくくはあるものの、天と地ほどの違いがあります。どうかこれをよく考えてください。とても重要なことなのです。

筋の通った罪悪感に対しては、どのような姿勢で臨めばいいのでしょうか？　健全で建設的な姿勢とはどのようなものでしょうか？　では、自分に向かってこう言ってみましょう。「過去のことは仕方がなかった。私は無知で、浅はかで、利己的だった。私はあまりにも臆病で、思い切って自分の小さなエゴを捨てて、愛することができなかった。こんな態度が人を傷つけてしまったことを認める。今は自分がどうして人を傷つけたのかをちゃんと知ろうと思う。相手を傷つけたのが自分の行動だったのか、それとも言葉や考え、感情的反応だったのか、何かをしたからなのか、またはしなかったからなのかは問題ではない。私はほんとうに変わりたい。神の助けを借りて、私はきっと変わる。それには、自分の態度が直接的に、あるいは間接的に相手に与えた傷をはっきり見なくてはならない」。そうして、あなたが与えた傷について考えてみましょう。それを理解する洞察力を授かれるよう祈りましょう。あなたの責任を引き受ける勇気を持ちなさい。でも、自分の「悪さ」を誇張して自分自身に希望を持てなくさせるような、間違った破壊的な罪悪感を抱いて意地になってはいけません。

あなたが人に与えた傷を認識したとき、**三つの間違った反応が生じる可能性があります**。まず一つ目は、自分自身に**希望が持てなくなる**ことです。これは自分に対して絶望させる、ネガティブで破壊的な罪悪感です。二つ目は**自己正当化**です。これは、あなたがそう反応することを余儀なくさせた相手の落ち度を、それが事実であろうがあなたの想像であろうが、非難することです。そして三つ目は、**否認**です。自分のイメージに似つかわしくない不完全さを見ることを、恐怖心から拒むことです。その時々に応じて、これら三つの反応のどれかが起きるでしょう。その度に気づいてください！ 正しいあり方を見出してください。あなたが傷つけた人の気持ちになって考え、筋の通った罪悪感を引き受け、変わりたいと望み、愛することへの恐れを手放したいと願いなさい。そのような姿勢こそが健全で建設的なのです。自分がうっかり人を傷つけてしまった――悪気はなかったけれども、勝手な想像に基づいて傷つけてしまった――ことを実感したときに感じる痛みは、健全なものです。それは、あなたに恐れと自己中心性をなくしたいと思わせるでしょう。そして健全で建設的な内なる活動を育み、あなたの魂の中で生のエネルギーを活動させるでしょう。なぜならば、生のエネルギーとはとりわけ真理であり、勇気であるからです。

大切な皆さん、真剣に願うならば、きっと誰もがさらに多くの美と平穏とエネルギッシュな生、そして内面の安全を見出せます。それらはあなた方が取り組もうとしている自己実現の中にあるのですよ。あなたは、自分自身の永遠の今に生きる瞬間を経験するようになるでしょう。永遠の今から何とかして逃げようとするのではなく……。その時々の**今**があなたに答えを差し出してくれます。瞑想し、自己を探究しているときにこの素朴な事実を思い出したら、実り多い瞑想になるでしょう。これまですでにさまざまなことを経験し始めているかもしれませんが、この先であなたが出会おうとしているものは、さらにあなたを解放してくれることでしょう。

祝福がありますように。平穏の内にありますように。神の内にありますように。

10章のまとめのエクササイズ

レクチャーでは、喜びと苦しみが「固く結びつく」と説明しています。その原因は、私たちが子ども時代を生き抜くために、苦しい経験を内面化させて喜びと関連づけるからです。大人になったときに、これはネガティブな状況と結びついた生のエネルギーとして姿を現します。多くの人はこれを認識できません。なぜならば、それはゆっくり展開するパターン（たとえば人間関係の機能不全など）として現れるか、あるいはそれを恥ずかしく感じるために、無意識の中に沈めたり隠したりしてしまうからです。

あなたにとって苦しいこと、苛立つこと、不満なことのパターンを一覧表にしてください。それらの根底には共通のテーマがあるでしょうか？　たとえば、人との交流によってたびたび見捨てられた気分になるならば、子どものときに感じた見捨てられた気持ちに生のエネルギーが結びついたことにより、あなたはその状況を再創造しているのかもしれません。また、もし就職したりお金を稼いだりすることが困難ならば、ないがしろにされている、または自分に価値がないなどの感情を子どものときに持ったため、それを再創造しているのかもしれません。

無意識的な、あるいは密かに行われるネガティブさとの結びつきは、あなたの性的な幻想に色濃く現れます。あなたの性的な幻想とはどんなものでしょう？　残忍な、あるいは冷酷な接し方はありませんか？　その幻想は、ときには子ども時代の辛い状況を直接行動で表したものになります。たとえば父親から残酷なやり方で罰を受けた女性は、大人になると鞭で打たれたり平手で打たれたりすることで性的に覚醒するという幻想を持つかもしれません。それとは反対に、子どものときに得られなかったものを補うという形の幻想になることもあるでしょう。たとえば子ども時代に自尊心を傷つけられていた場合、相手を徹底的に支配するという性的幻想を抱くかもしれません。多くの人は自分の性的幻想を恥ずかしく感じるので、自覚するには時間がかかるでしょう。ネガティブさと生のエネルギーとの連結に関して何を見つけたとしても、その発見はあなたの苦しみと残忍さを真の愛と絆に置き換える手助けになるのです。そのことを心に留めておいてください。

トム・ハバード

第11章　生、愛、そして死

こんにちは、私の大切な皆さん。あなた方一人ひとりに祝福がありますように。自己の成長、解放、自己実現に向けられたあなた方の努力の一つひとつに祝福がありますように。

人間の根本的な苦しみの一つに、生と死との二元性を乗り越えようとする格闘があります。この根底にある苦しみからその他のさまざまな問題や困難、恐れ、緊張が発生し、あなた方はそれらと闘うことになります。直接に死や老化、未知なるものへの恐れとして現れるかどうかにかかわらず、それらはすべて時間の経過に関する恐れです。

このような恐れを和らげるために、人間は哲学的、霊的、または宗教的な概念を構築してきました。しかし、誰かの実際の経験に基づいていたとしても、概念が緊張を解いてくれることはありません。恐れを乗り越え、その大いなる二元性を調和させるには、あなたがひどく恐れる最大の未知、つまりあなた自身の精神を掘り下げなければなりません。

大いなる未知のもの

自分の内面で起きていることに気づかなければ気づかないほど、あなたは「大いなる未知」を恐れるようになります。若いころは、そのような恐れはさほど強くないかも知れません。しかし遅かれ早かれ、誰もが死の恐怖と直に向き合うことになります。ここでもう一度強調しておきますが、自分を知れば知るほど、それに応じて自分自身が満たされ、生活が充実し、眠っている可能性が引き出されるようになります。そして、それに応じて死を恐れなくなり、死を生物としての成長ととらえるようになります。未知のものは、もはや脅威ではなくなるのです。

死の恐怖を乗り越えようとする際の大きな障害の一つに、異性とあなたとを隔てている壁を取り外すことへの恐れがあります。自分自身の無意識に対する恐れ、異性との愛に対する恐れ、そして死に対する恐れには、非常に直接的な関連があります。あなたが自己を理解しようと努力する中でこの関連性を感じ取れたなら、今述べたことがほんとうであるとわかるでしょう。

あなたが自己を満たすことができるかどうかは、男性として、あるいは女性としての自分を満たせるかにかかっています。結局のところは、異性と自分との間にある壁を乗り越え、真の男性、真の女性にならなければ、自分自身を満たすことはできません。もちろん自分を満たすことには他の要素もあります。おそらくあなたは、あなたが持つ一定の潜在的能力、つまり才能や強さ、勇気や機転などの生まれつきの優れた性質、寛大さ、創造性などに気づいていません。しかし、これらのどれ一つとして、真の男性、真の女性にならない限り、十分に開花し、本来の輝きを放つことはできません。伴侶との一体化を妨害する壁が存在するうちは、自己理解は部分的で限定的なものにしかなりません。なぜならば、その壁とは自分らしさへの成長に対する抵抗であり、不自然な幼児性への固執だからです。

自分の中の未知の領域に対する抵抗がすべて消えた結果、自分自身を恐れなくなれば、異性を含めた人々に対する恐れも生じるはずがありません。客観的かつ現実的に考えることによって大きな内面的自由と信頼が生まれれば、自分自身を存在させようとする自分を妨害していた強力な拘束が解かれるでしょう。自分自身が満たされたとき、自己や他者への不信感から未知を恐れて既知にしがみついていた状態が解消され、壁も消えます。そうしてしがみついている限り、あなたは時間のない宇宙の流れには加われません。その流れとは、伴侶との一体化によるこの上ない至福において経験されるものであり、あなたが死と呼ぶこの上ない至福において経験されるものです。

死はさまざまな顔を持っています。恐れながら小さな自己に必死にしがみついている人々にとって、死はこの世からの隔絶と別れという恐ろしいものです。しかし思う存分に生き、人と交流し、小さな自己を維持しようとしなくなった人にとって、死とはこの地球での最も栄光ある一体化であり、かつそれ以上のものなのです！ ですから、つまるところ自己実現の努力が目指すべきことは、第一にあなたの意識とあなたの精神の隠れた領域との間の壁を取り除くことです。これらの隠れた領域は必ずしも完全に覆われて無意識の中にあるわけではなく、あなたが見ようと決心すればすぐ目の前に見えることもしばしばあります。二番目は、誰であろうが、その時点であなたがつき合っている人とあなたとの間の壁を取り除くことです。そして三番目の壁は、あなたと宇宙の流れとの間にあります。あなたがその流れに乗ったとき、あなたはその流れの正しさを感覚的に知るでしょう。それは機能的かつ有機的な流れです。しかし自分自身を恐れ、相手を恐れ、それゆえ存在の流れを恐れる人は、時間の経過を信頼しません。必死に小さな自己にしがみつき、瞬間的な気づきと自身の高次の意識との間に不安の雲の壁を築き上げるのです。

自己表現を妨げる基本的な二つの障害

自己表現を妨げる三大要因は、**自尊心、身勝手さ、そして恐れ**です。人間が犯すこの三つの基本的な過ちからすべての対立が生まれます。これらの三つの要因は、自己拡大に向かう三本の通路をふさぐ障害物になります。これについてさらに詳しく考えていきましょう。

まず初めに、意識と無意識とを分ける壁を取り上げましょう。

自尊心が障害となるのは、自分の中の未知の領域へ立ち入れば、見たくなかったものを見てしまうという恐れがあるからです。おそらくそれは人から褒められるようなものではなく、理想的な自分自身のイメージに相応しくもありません。そのため自尊心が洞察の妨げとなるのです。

身勝手さは、あなたの中にあって意識されるものとされないものとを分けます。そうしなければあなたは都合の悪いものを見ることになり、小さなエゴにとって気の進まないことをするはめになったり、手放したくないものを放棄するはめになったりすると、あなたはわかっているからです。身勝手さは小さなエゴをコントロールしたいと思っています。そうすれば、すでに知っているものにしがみついていられるからです。

自尊心と身勝手さによって何も信頼できなくなったとき、恐れが障害として登場します。恐れは究極の現実に対する不信感を抱かせます。あなたの無意識の奥深くには、宇宙の現実が宇宙の事象の流れとして織り込まれています。あなたがこの流れの中に入ったならば、幸福感や充足感、生きる意義を感じ、必ず穏やかな気持ちになります。この流れを信頼せず、それゆえ未知の領域に入る危険を冒すよりも気楽に暮らせるだろうと考え、すでに知っているものにしがみつくとき、恐れの壁が築かれてしまうのです。自分自身について十分認識することを妨げているのは、この恐怖心です。

自尊心、身勝手さ、恐れの三つの要因は、伴侶との間に築かれる壁にも当てはまります。

男性であれ女性であれ、自分の小さなエゴよりも大きな力に自分を明け渡せば自分は無力になるかもしれない、それは屈辱的なことだ、と恐れることで自尊心が生じます。恋愛は高慢さをくじかれる経験なので、自尊心にとっては敵です。自尊心は自分が管理し支配したいと思っているので、いかなる力にも自分を明け渡したくありません。たとえそれが最も素晴らしい力であっても……。あなたも他の人も、誰もが愛したいという願望を抱きながら人生を送るのですが、いまだにその願いの達成を妨害しています。そうしてあなたの魂の中にある、常に愛に抵抗し相容れない傾向との妥協点を何とか見出そうとします。あなたを愛へと駆り立てる力は、あなたの最も内奥の本質に由来するものなので、非常に強力です。しかし自尊心と身勝手さ、恐れから来る衝動が、あなたを愛から遠ざけるのです。

身勝手さとはすべてをコントロールしたいと思うことです。それゆえ自分を明け渡すことができませんから、愛とは相容れないものです。あなたは、小さな自己に統治され、その言うことを聞かなければ危険な目に遭うと思っています。もちろん、それは間違いなのですが……。愛の力に自分を明け渡すのは無鉄砲で思慮の浅い非現実的な行為だと、あなたは考えます。しかし、それは違います。現実性、客観性、あきらめる能力、そして恐れずに愛に入っていこうとする意志は、どれもが互いに矛盾しないばかりか、どれもが互いを必要とする要素です。あなたは自分の威厳――つまり自尊心――が損なわれたり、自分らしさ――つまり身勝手さ――を発揮できなくなるのを恐れるあまり、愛の経験を近づけません。ところが実際は、ほんものの威厳と自分らしさは、自尊心と身勝手さを手放したときにのみ得られるのです。

自分の命を失うことに対する恐れは、伴侶と一体化して自己を忘れるという幸せな経験を拒否させる恐れと同じものだと言ってもいいでしょう。いつもではないにせよ、時々それらが似ているという感覚を覚える人もいるでしょう。

自尊心、身勝手さ、そして恐れの三要素は、本人の死に対する姿勢にも影響します。究極的には、死は自己主導性の放棄を意味します。不思議に思われるかもしれませんが、そうして自分をゆだねるのは屈辱的なことに見えます。小さな自己は全能ではなかったという恥ずかしい事実を見たくないので、あなたは自尊心と身勝手さからその小さな自己にしがみつき、その結果途方もなく大きな恐怖の波を起こしてしまうのです。

自己を明け渡すことと自己をしっかり保つことの対立を解消するために、皆さんにひどく矛盾しているように聞こえる質問をしましょう。あなたがこんなにも骨の折れる自己理解の道を歩んでいるのは、ひとえに自分を明け渡して異性と、さらには死と一体化するためでしょうか？　ほんとうのところは、実際に一度も所有したことのないものを潔く手放すことなど不可能ですから、あなたがまだ見つけていないものを明け渡すことはできません。自分らしさを惜しみなく明け渡せたときにだけ、より自分らしくなれるのです。

さて、では死が、つまり死ぬことがそれほど幸せな経験ならば、なぜこれほど悲観的な見方をされるのでしょうか？　なぜ死の本能、つまり死への願望が、たとえば愛の中で自分を失いたいと願う強い本能のように存在しないのでしょうか？　なぜ死を迎えるときに本能的な衝動が手助けしてくれないのでしょう？　そしてなぜ、人間は恐れという壁を乗り越えるために大変な努力をしなくてはならないのでしょう？　あなたはおそらく、なぜ地球に住む私たちはこの大いなる未知と闘わなくてはならないのだろうと問いたくなるでしょう。

なぜ死の本能が存在しないのか

一見、このような質問は根拠のある論理的なものに聞こえます。しかしよく考えると、ものごとはあるがままにあるべきだということがわかります。皆さん、生きることが辛くて不満だらけで、気力が萎えてしまったら、簡単に死にたくなってしまうのではないでしょうか。このような未完成で無知で支離滅裂な恐怖を抱いていたら、誰でも簡単に死へと逃避してしまうでしょう。しかし、そうしたとしても、死は生と少しも変わらないことがわかるでしょう。なぜならば、両者は本質的に同じものだからです。そのような破滅的な逃避をさせないために、生きる本能は非常に強くあらねばならず、死が未知のものであり続ける限り生きる本能は働きます。言葉で未知のものに対する恐れを取り除くことはできませんが、生きる本能はネガティブで破滅的な動機による死の選択を回避させる力があります。これにより、自己を、それゆえ宇宙を理解するために繰り返し努力するための根気が鍛えられ、最終的には熟達した生き方ができるようになるのです。その内なる理解により、死は恐れるべきものではない、というよりも、生きることや愛することへの恐れが強まるほど、それに正比例して死への恐れも強まることがわかってきます。そうして生と死の境い目、つまり幻想である両者の対立は薄れ始めます。あなた方は先を急ぐ必要はありませんし、留まる必要もないのですよ。

時間の経過や生と死に対して自分が意識的または無意識的にどのような考え方を持っているかをよく見ると、それらはすべて似ていて、しかも愛に対する自分の最も内奥に潜む考え方とも似ていることを発見するでしょう。あなたが気づいている願望は健全なものかもしれませんが……。またあなたは、これらの考え方のいずれにも、未知のものに対する恐れが働いていることに気づくでしょう。自分がいつも恐怖に引きつった動作で時間を止めようとしたり、さもなければ今の瞬間が耐えられず、急いで先へ進もうとしたりを繰り返しているのに気づくでしょう。あなたが自分自身の人生の宇宙的流れ、つまりあなたの個性と調和していることはめったにありません。自分自身と共にありながら平穏でいること、神と調和することのほんとうの意味は、時間を引き止めようとも先を急ごうともせずに生の流れに溶け込み、自分をしっかりと持ちながらもその所有を放棄することを恐れないことです。これは伴侶に出会ったときにあなたに特権的に訪れる、祝福された偉大なる経験です。そして最終的には、これは新たな意識の形態へと入っていく経験になるでしょう。

鍵は自己発見にある

自分の内面にあるものを見ようとしないとき、それはどうしても外側に投影され、他の人や外面的な生活に映し出されます。投影してしまえば、一時的とはいえ、すっきりした気分になれるように思えますが、それは決して平穏と解放をもたらしてはくれません。自己や人生に対する恐れがあなたのどこに存在するかを認識するのは、多くの場合容易ではありません。それは兆候として現れるだけかもしれません。その兆候をよく見て、その意味するところを調べてください。たとえば道のワークに対する自分の姿勢について、あなたはどのように表明し、実際のところはどうなっているでしょう？ 異性に対する姿勢も、同じくどのように表明し、実際はどうでしょう？ また、今の生活環境に対してどのように反応しているでしょう？ これらすべてを、嘘偽りなく徹底的に見抜かなければなりません。あなたの最も内奥の自己に対する恐れ、心理学的に表現するならば、その自己に対する抵抗を見つけ出すことができたら、あなたは死を同じくらい恐れていると思って間違いありません。そして愛すること、愛を経験したときに自分を手放すことに対しても、同じくらい恐れているでしょう。それを見出しなさい。自分の中にあるそれを見なさい。それができたとき、あなたは大きな勝利を収めたことになるのです。

小さな歩みでも、一歩ずつ正しい方向へと進めば、ついにはあなたと高次意識の永遠の流れとの間にある不安の雲、つまり壁を崩せます。この高次の意識は、あなたの日常生活に必要なあらゆる知恵、真理、正しさをもたらしてくれるでしょう。あなた方の中には、時々この源に触れて、そのような経験をしたことのある人がいます。ただ再び見失ってしまっただけなのです。平穏、真理、この上ない至福の内なる源に触れたなら、「創造」の意味するところを深く理解するでしょう。

真理は太陽と似ています。その周りをそれぞれの惑星が回転しますが、太陽は常に変わらず光を放っています。それでも時々雲に隠れます。雲とは人々の自尊心や身勝手さ、恐れ、無知、そして時が過ぎるのを食い止めよう、あるいは先を急ごうとする態度です。しかしあなたがあなた自身に関する真実を知った瞬間、たとえそれが平凡なことだったり、一見宇宙の進化にとって重要ではなく見えたとしても、その雲は散って消え、あなたの高次の意識の暖かな光が強さと幸せ、そして喜びと平穏をよみがえらせてくれます。このあなたの内なる太陽は、いつでもあなたを暖め、元気づけようとしています。でも皆さん、あなた方はもっと多くのことを乗り越えなければなりません。乗り越えたとき、恐れや自尊心、身勝手さはすべてはがれ落ちるでしょう。はがれ落ちたならば、あなたの反応や感情、表現、さらにあなたが人に与える影響や人があなたに与える影響の多くは、劇的に変化しているでしょう。

永遠の今

今話していることは、簡単に達成できるものではありません。そのためには、思考による理解以上のものが求められます。思考の理解自体は、ほとんど何も変えられません。必要なのは、あなたの存在についてのより鋭い理解です。そのためには、今のこの瞬間にあなたを幸せから遠ざけている感情にしっかりと目を向けなければなりません。いつでもその時々に生じている願望、恐れ、欲求、心配、反応などを、いいか悪いかにかかわらず見つめれば、永遠の今を発見できるでしょう。永遠の今の中では、あなたは未知のものに対して然るべき信頼を置き、恐れずに生きることができます。完全である必要はありません。あなたの今の不完全さと静かに向き合い、認め、受け入れたとき、ある意味であなたは完璧なのですから。

自己に抵抗してもがき苦しむのをやめ、自尊心と気取りを捨て、進んで変わろうとしたとき、身勝手さや自己への恐れ、他者への恐れ、そして生、愛、死に対する恐れも捨てられます。それらは氷が日の光に照らされて蒸発するように消えていきます。

あなた方の一人ひとりに祝福がありますように。皆さん、今夜私が話した壁が自分の中にあることに気づいても落胆しないでください。壁を無視するよりも、その存在に気づいた方が取り除きやすいのです。この重要な真実を認識し、理解してください。実際に確かめて自分のものにしてください。そのとき、あなたは喜びを感じるでしょう。この新たな気づきにおいて、あなた方すべてに祝福がありますように。平穏にありますように。あなた自身の内に、それゆえ神の内にありますように。

11章のまとめのエクササイズ

この章では、もしあなたが生、愛、死のどれか一つを恐れているならば、必ず残りの二つも恐れているはずだと説いています。この三者の関連に気づけたなら、成長、自由、そして強さに向かって歩み始めたことになります。伴侶との一体化によって自分を失うことに対する恐れは、この三者の関連に気づくための鍵となる重要な要素です。

次の質問は、生、愛、死の三者の関連を確かめることに役立つでしょう。

1. あなたの心の中にある、誰かと伴侶として完全に一体化したい、または今の伴侶との一体化をもう少し深めたい、という深い願望を素直に感じ取れますか？　後者は、条件つきの部分的な一体化への願望なのでしょう。レクチャーでガイドが「一体性の至福」と呼ぶものへの内なる願望を感じ取ることを、自分自身に許しましょう。それを感じることを妨害しているものを見つけましょう。

2. 自分を明け渡し、伴侶との至福に満ちた完全な一体性へ向かうことを恐れていませんか？　その恐れとは何でしょう？　なぜ、それほど恐ろしいのでしょう？

3. そんなふうに伴侶との至福の一体性が実現できるものなのか、それは危険ではないか、などの疑いを持っていないでしょうか？　その疑う声は、何と言っていますか？

4. 一体性を妨げている障壁を見つけて取り除くために、あなたの内面の奥深くにいる宇宙的存在に呼びかけて力を貸してもらいましょう。くつろげるお気に入りの場所に座ってゆっくり瞑想し、導きを受け取ってください。

気が向いたら、次の質問にも答えてください。

伴侶との一体化を妨げる三大要因——自尊心、身勝手さ、恐れ——が、どのようにして内なる障壁の形成を促すのかを調べてみましょう。

- 自尊心：理想化された自己イメージ、称賛への欲求、そして自分を完璧だと見なしたい欲求は、無意識の中にある障壁に対する気づきを、どのように妨害してきますか？
- 身勝手さ：あなたの小さな自己がやりたくない、または気が進まないようなことをする羽目になるのが嫌なので、「知っている」世界にしがみついている自分がいませんか？
- 恐れ：未知なものは危険だ、望ましくないものだ、という不信感から、自分にとって馴染み深いものを手放せなくなるのは、どんなときでしょうか？

第12章 ネガティブで無意識的な相互作用をやめ、意識的に愛を選択する

こんにちは。私の愛する皆さん　人ひとりに祝福がありますように。この道であなたが成長するにつれて、あなたの中に愛の力と真実の強さが現れ続けるでしょう。

このレクチャーでは、あなたが他の人と行う無意識の精神的相互作用がどのような意味を持つのかを、愛の欠如という観点からお話ししたいと思います。

自分のネガティブさをはっきりとは認識しておらず、そのネガティブさが他の人々を傷つけていることをぼんやりと感じているだけなら、あなたは非難と自己正当化とのせめぎ合いに巻き込まれます。あなたは相手をそのネガティブさに引きずり込まずにはいられません。もっとも、相手が引きずり込まれるのは、相手自身に無意識的な葛藤があるからなのですが……。自身のネガティブさを認めなければ、あなたは二つの罪を犯すことになります。初めに、ネガティブな考え方や感じ方自体に罪が存在します。これを第一の罪と呼んでもいいでしょう。そのネガティブさを否認した場合、あなたは第二の罪と呼べるものに関わることになります。第一の罪を認め、その罪の原因が引き起こした事態を真摯に受け入れられたとき、それはもはや罪ではなくなります。しかし第二の罪は、すべての人の魂にとって重いもの

です。その重さは、生の活力に満ちたエネルギーを大量に奪います。自分のネガティブさを認めないならば、その人は必ず相手の内面や外面を害する行動をしていることになります。つまり自分が失敗したり、ネガティブな意図を持ったり、愛が欠けていたり、不誠実だったり、悪意を持ったり、不当な要求をしたりするのは、相手が悪いからだと考えて相手を罰するのです。

たとえば誰も愛する気になれない人が、愛しているように見せかけることもしない場合、その状態は本人の責任です。愛のない存在として重い代償を払っていることを自覚していて、それでもいいと思っている場合は、少なくともその人は愛さないという自分の罪に他の人を引きずり込んでいません。もちろん孤独でしょうが、それは自分で選んだことであり、そういう自覚もあり、その代償も払っています。その人はその素晴らしい愛の能力を世界に向かって使おうとしません。それは事実であり、そういう意味においては、その人は失敗しています。

他者を責める

あなたが言いわけに利用している相手の短所は実際にあるとしても、あなたの愛の欠如を相手のせいにして、あなたの愛のない態度が招いた事態の責任は相手にあるとして罰し、あなたが愛そうとしないことを正当化するための証拠固めをするとき、皆さん、あなたはほんとうに有害な存在になっているのです。

これは非常によくあることで、多くの人に起こる心理プロセスなのですが、とても巧妙なので、自己に対して相当な気づきのある人でなければ、そのようなことが自分の中で起きていること、それゆえ他の人々でも起きていることを認識できません。これは基本的なプロセスであり、実際にはさまざまな形と度合いで存在します。愛することを拒み、しかも拒んでいることを認めない場合は、しばしば次のような考え方となって現れます。「『あなた』が誰であろうと、私はあなたに何も与えたくない。でもあなたは、私にあらゆるものを与えなくてはいけない。そうしないなら私はあなたを罰する」。これは非常によくある例です。この心理が隠されて無意識であればあるほど、その行動は自分にも相手にもより陰湿な形で影響することになります。このような考え方をしていることを認めなかったり、もっともらしい説明をしたり、歪曲したり、隠したり、あることないことを言って正当化するのは、いつも比較的容易なことです。

このような考え方が自分自身の中にあることに気づき、友人に対してもそれを認めることができたなら、健全性と誠実さの清々しい新鮮な空気がたちどころに押し寄せます。あなたは自分を第二の罪から解放したのですから……。あなたの二つの不均衡な要求、あなた自身の不寛容な心根、そして要求に応えない相手に与える罰を洗いざらい明るみに出せば出すほど、あなたの罪を取り去ることができます。自分が与えているものに比べればあまりにも不当な要求をしていること、自分が人から扱われたいようには人を扱っていないこと、自分が好んで罰を与えていること――いつもその目的は自分の悪事を暴かれて責任を問われたくないから――などがあなたにとって明確になればなるほど、あなたが背負っている重荷は軽くなります。その重荷が憂鬱や不安、心配、絶望、そしてしばしば身体的な病気や欲求不満を引き起こしているのです。

自分の不寛容な態度に対して愛情深く対応しない人を罰するためのよくある方法の一つに、相手に罪をかぶせるという方法があります。自分の惨めさの原因は相手にあると見せかけるための証拠を集めるのです。自分が意地悪で冷たいことがもたらした結果だけを見て、相手が悪いことを首尾よく自分自身にも説得することができます。精神がネガティブで不寛容な人生観に浸っている限り、人から望ましい反応を得られないという事実を、あなたはわざと無視するのです。

あなたのネガティブさは言います。「私は真実を認めない。すべてを私に与えてくれず、私の不当な要求に寛容になれない相手を、私は非難する。これに反発しようものなら、相手をもっと憎んで、もっと非難して、仕返しをしてやる」。道を始めて間もない人や、理想化した自己イメージへの思い入れが強く、真実を見る余裕のない人の場合、自分もそのような態度を取り得ることなど考えられないと、初めは思うでしょう。あなたにそのような態度があるかどうかは、あなた自身の心と感情の状態を見れば判定できます。不安感がなく、人と一緒にいてもくつろいでいて、人生が楽しく拡大しているなら、そして時々訪れる難局をさらなる成長への意義深い足がかりととらえるなら、あなたはこの有害な態度をすでにかなり克服していることになります。しかしそのあなたも、かつてはそのような態度を取っていて、自尊心や見せかけの自分への思い入れ、臆病さから苦心して卒業することで、それを解決したに違いありません。

皆さん、あなたが自分自身の悪意を認めたとき、あなたは極めて本質的な愛の行いをしたことになるのです。そのことを自覚しているか否かは関係ありません。自分のネガティブな心根を認めないならば、たくさんのものを人に与えたとしても、その中に最も値打ちのあるほんものは何一つありません。あなたはものや金銭を与えたり、道徳的な行いをしたり、優しく気遣いさえするかもしれませんが、どれも中身のない見栄っ張りな贈りものです。あなたは自身のネガティブさを素直に認めて相手を解放していません。

あなたの公平性を欠いた要求や悪意、愛の抑制が招く罪と、自分の惨めさを相手の責任にして罰を与えることが招く二重の罪により、あなたの強さと自己表現は損なわれます。あなたはひどく弱くなります。あなたがそのような態度を続ける限り、自分自身に誠実になりようがありません。自分には自由な人間としての品格があると信じることはできません。あなたは自分に自信を持たせようとして、あれこれと不自然な方法を試すかもしれませんが、第二の罪に正面から向き合い、それを認めることで手放さない限り、結果につながりません。そのときになって、第一の罪——愛そうとしない罪——はそのまま残しておきたいと思うなら、そうすることもできます。その場合、少なくともあなたはそれに関する自分の責任を引き受けていることになります。

皆さん、あなた方が生きているのは二元性の世界だということはわかっていますね。AでなければBという見方により、多くの混乱が存在します。何ごとに関してもどちらかが一方的に悪いという二元的な観念によって、人類は困難な状況に陥っています。過ちを犯した悪い人間は自分なのか、そうでなければ相手だと考えます。それにより深刻な状況が生まれ、真実の認識が不可能になります。あなたが間違っていて、相手は何も悪くないことになったら、あなたはその判定にひどい誤りがあると感じるでしょう。そして自分は不当に大きな責任を負わされたとも感じるでしょう。もし、すべてあなたが悪かったことにされたら、村八分にされるのではないかと心配するのは当然のことです。そのような想像は耐えがたいものです。それは真実ではなく、弁明することもできないのですから……。そうなれば、あなたはますます自分は劣っていて、愛されない人間であるように感じます。その惨めな思いは自分の犯した罪への当然の罰のように思われ、自分で決断すれば自由に変えられるものだとは考えません。すべての責めを引き受けることで、相手が相手自身のネガティブな心根を密かに行動に移すことを、あなたはいわば許可してしまうのです。

それとは反対に、自分の振る舞いを言い訳によってどこまでも正当化せずにはいられないならば、その場合もあなたはひどく困難な状況に追い込まれるでしょう。というのも、この場合もあなたは何かが間違っているという感覚を持ち、相手が全面的に悪いというのも真実でないとわかっているからです。このような偽装は自分の罪をごまかすには素晴らしい方法のように見えますが、それを守り通そうとすれば、不安や恐れを感じ、その防衛が破られるのではないかと怯えるでしょう。そうなれば、あなたは自然体でくつろいだり、人と親しくすることができません。「無罪」を貫くために人と距離を置いてしまいます。そしてこの場合も、何かが間違っているという感覚が消せません。

無意識な相互作用

自分の歪みとネガティブさが相手の歪みとネガティブさを直接刺激し、強化し、引っ張り出すことを、ほとんどの人はまだ感じ取ることができません。二つの精神が交流して相互に作用し合うとき、以下のようなことが起こります。あなたが誰かとのネガティブな相互作用に引きずり込まれ、相手に対してこのような無言のメッセージを送っていたとしましょう。「あなたが私の際限ない要求を満たさないなら、私はあなたを罰する。あなたを愛さないし、あなたに何もあげない。あなたが悪いことにして罰する。あなたが何かを欲しがっても、私は与えない。自分を被害者に仕立て上げれば、私は首尾よくあなたに罪を着せられる。そうすればあなたに非難されたり、悪事を暴かれたりしない」。そして相手も同じような姿勢を崩すことができず、内面では格闘しているとします。その人はあなたに抵抗してこう考えます。「私は自分を守り続けねばならない。人は私を傷つけ、ひどい目にあわせ、利用する。私が心を開いて愛しても、返ってくるのは拒否と不公平な扱いと憎しみだけだろう。それでは割に合わない。私は心を閉じていた方がいいだろう」。想像してください。あなたが自分を被害者に仕立てることで、相手は心を開くまい、傷つくまい、愛すまいという非合理的な態度を強めるのです。魂の怯えた部分はネガティブになって閉じこもることで自分を「守ろう」とするので、誰かのネガティブな意図に遭遇したときは必ずその態度を強めるでしょう。罰はしばしば厳しい糾弾という形を取り、相手の人格を攻撃します。あるいは、あなたは相手が実際に持っている欠点を口実に相手を罰するかもしれません。しかしそれは相手があなたの要求に従わず、すべてを与え、受け取るのはほんの少し、または何もないという契約を受け入れなかったからなのです。

この領域で無意識に行われるこうした相互作用は、ネガティブな考え方が必要な防衛手段であるという確信を強め、正当化します。何とか優位性を保てていることから、その考え方は正しいように見えます。こうしてあなたがネガティブな心根を持つとき、相手に起きることはあなたの責任でもあることになります。霊の本質に関する見かけ上矛盾した真実の一つに、基本的には自分に対する責任は自分にあるものの、相手に対しても、自分に対するものとは異なった意味の責任があるという事実があります。同様に、相手のネガティブな心根があなたを傷つけたなら、相手はそのことに関して、あなたに対し責任があるのです。それでも、もしあなたが自分のネガティブさを頑固に保とうとしなければ、相手の思い通りに傷つけられることはありません。その意味で、責任はあなたにあります。相手の悪意ある心根を口実にして愛さず、さまざまなできごとに同じ反応を取り続けるかどうかは、誰もが自分で選べます。それゆえ、自分のことは自分自身にすべての責任があり、相手のことは相手自身にすべての責任があるというのも正しく、一方で、究極的には誰もが相手に関する責任があるというのも正しいのです。

究極的実在に境界線はない

究極的には、自己と他者との間に境界はありません。あなたは他者であり、他者はあなたです。別々に存在するという認識は幻想です。それゆえ、自分の不公平さと愛に欠けた要求を正当化するために相手を責めるという古いパターンを断ち切ったとき、自分自身がこの二重拘束から抜け出せるだけでなく、相手が抜け出す手伝いもすることになります。もちろん、相手はあなたに頼って抜け出そうとするべきではありませんし、自分の力で生き方を変えなければなりません。「私がネガティブさと問題を乗り越えれば自分も乗り越えられると思って、私を当てにしないで欲しい」とあなたは言うかもしれませんが、それは正しくもあり間違ってもいます。正しい点は、あなたが何をしようと、相手はちゃんと自分のやりたいことができるということです。本人がどれくらい努力したか、労力や時間を投じたかで結果が決まります。本人以外のあなたを含めた人たちが何をしたかは関係ありません。しかし同時に、あなたには間違っているところもあります。それは、あなたの行う真実の行為は愛の行為でもあり、相手が苦しい格闘から解放されるのを手助けするということを見逃している点です。あなたがあなた自身の役割を認識したとき、混乱が大きく取り除かれて、あなたと相手とが共同でネガティブな精神的相互作用を築いている実際の姿が見えてきます。それによりあなたは途方もなく自由になるでしょう。

想像してみてください。あなたの親しい人が、あることないことであなたの罪を指摘して苦しみを与え、しかもその人自身には何も罪がないと言ってあなたを混乱させたとします。その人が突然、あなたに向かってこう言いました。「私は気がついた。私はあなたを愛そうと思っていない。私はあなたにいろいろな要求をして、もしあなたがそれに応えてくれなかったら、あなたを非難し、責め、罰したいと思っている。それでいて、あなたが傷ついたと感じることには抵抗している。だって、私はあなたを傷つけたいけど、あなたが傷ついたことで罪悪感を持ちたくないから」。こう言われたら、あなたはどれだけ自由になれると思いますか？　相手からのこの愛の発言に対し、あなたは自分だけが正しいという態度に出たり、「そんなことずっと前からわかっていた」と言い放ったり、自分は罪のない被害者であることを証明しようとしたりしないでしょう。

自分が同じような公平さを欠く要求をしていること、感情をさらけ出すのを恐れていること、そしてネガティブな心根を持っていることを認めたなら、自尊心は傷つくかもしれませんが、それ以外ではどこもほんとうの意味で傷つくことはありません！　その言葉を聞いた相手は、その瞬間にあなたから愛の贈りものを受け取ったのです。たとえその時点でさえあなたは心から愛したい、自分の感情も内なる存在も巻き込んで愛したいとは思えなくても……。しかし、あなたが誠実になったということは、愛することができ始めているのです。

あなたの罪を隠すために相手に被せた偽りの罪から相手を解放してあげることで、相手は自らを痛めつけることも、互いの罪と非難とが入り混じる内面の苦しい格闘をすることもなくなり、相手自身のほんとうの罪に目を向ける余裕が生まれます。解放されて事実が明確になると、しばしば極めて深いところにある問題の解決につながります。それはまるで、その人格はこの「外部からの」恩寵、つまりあなたからの救いの手を必要としていたかのようです。相手に偽りの罪を着せている限り、その相手がほんとうの自分をさらけ出すことはほとんど不可能です。相手にとって罪を認めることは、「あなたが悪い。私が惨めな思いをした原因はあなたにある」として糾弾するあなたが正しいことになるからです。このようにして人々は互いに否認や罪の投影、どちらが悪いかという闘い、混乱、ネガティブな相互作用に巻き込まれます。誰かがこの絡み合いをほぐし、結び目を解くことに着手しなくてはなりません。

ネガティブな心根とは防衛です。それは、この世界は信頼できない、自分自身を守るには、想定されるこの世界の意地悪さと同じくらい――またはそれ以上に――意地悪くならなくてはいけない、という信念から生まれます。あなたが自身の悪意を認めたとき、あなたは相手にこの人間社会の良識を信頼し始めるきっかけを与えています。そのとき相手は、こう思い始めるかもしれません。「結局、この世はさほど危険なところではないかもしれない。やましさと罪悪感を密かに抱いているのは私だけではなさそうだ。たぶん、私はこれを手放せるだろう。私もこういう感情を認めても、一人だけ悪者にされずにすみそうだ」。これによって人々の生きる姿勢がどれだけ変わることでしょう！　一人の人間存在としてのあなたの霊的立ち位置がどれだけ変わることでしょう！

正直であることの効果

あなた方全員がこのように正直になって共に取り組めば、あなた方のエネルギーシステムは変化し始めるでしょう。愛とは、意思や心が命令するものではありません。愛は抽象的でなく、大げさで感情的な行為でもありません。愛は活気に満ち、毅然としていて、自由です。正直さは、人間同士の間で最も必要でありながらも最も稀な愛の形です。正直にならなければ、「人と自分とは別々に存在している。そして人と自分との利害は対立しているので、自分の利益を守りたいなら相手を打ち負かさなくてはいけない。相手だって同じことだ」という幻想に常につきまとわれることになります。

皆さん、自分のネガティブさに気づいて素直に認め、現実を歪めてまでそれを相手に投影しようとせず、自分の責任を引き受けたとき、突如としてあなたは人々の真実を見抜けるようになり、実際に何が起きているかを知るでしょう。たとえ相手はそれを認めなくても……。そしてこのことも、あなたを自由にしてくれます。それゆえ誰でも自分自身の最も悪いところを認めれば、すぐにその効果は現れてきて、爽快な気分、自由、エネルギー、希望、気楽さなどを感じるのです。

霊的に成長することで、あなたは人々の内面、つまり考えや意図、感情を察知する直観を持てるようになります。これは魔法などではなく、自然に起きることです。なぜなら、ほんとうは他の人々とあなたとは一体だからです。自分の心がはっきり読めるのと同じように、相手の心も読めてしまいます。ほんとうは一つの心しかないからです。単にあなたが自分の心を見ようとしないために、他の人々が得体の知れない存在になるのです。人の心を読む力が個人的な霊能力から来る場合、それは危険性をはらんだ魔術であり、悪用される可能性があります。しかし、自己の内面の構造を知ることでおのずと育った能力ならば、それは自然なものであり、支配欲やネガティブな考えのために使うことはできません。

高次の気づきへの拡大

人間がより拡大した状態へと発展するときには、必ずそれまでとは異なった方法が必要になります。単純に、会社を経営している人に例えてみましょう。会社の規模が非常に小さいときには、その組織体制は事業の規模と目的に合致しており、それゆえ円滑にことが進みます。しかし、規模が拡大すると、小さな組織のために作られた今までの体制ではもう対応できなくなります。もし経営者が頑固で、変えることを拒み、すでに確立された古いやり方に固執していたなら、拡大した事業で失敗するか、あるいは少なくとも経営に非常に苦労するでしょう。

皆さん、同じ法則があなたの内面の拡大に当てはまるのです。あなたが成長し、自分自身に関する理解が進み、それゆえ人々や世界に関する理解も進むと、あなたは以前よりも多様で深い生き方をするようになります。つまるところ、それがこの世に生まれた理由なのですが……。以前には避けていた感情を感じられるようになり、あなたは言わば「拡大した経営」のための土台作りをします。具体的に言えば、かつて役立った考え方は今や破壊的で限界のあるものになったということです。

進化の道においては、存在体たちはさまざまな面で成長すると、新しい生き方に必要な土壌を築き始めます。それでもいくつかの古い考え方を捨てられずに、自らの拡大を妨げてしまうこともあります。ですから皆さん、あなた方はこの世界に対して今までとは異なる反応ができるように適応しなければなりません。あなたに対する人々の言動に対しても、さらにはあなた自身の内面で起きることに対しても、新しい反応をしなければなりません。それを可能にするために、まず初めに、今までの反応は小規模に機能しながら生きることに適応した、条件反射のようなものだったことを理解してください。そして次に、その反射と背景にある信念に疑問を持ってください。そして、最後になりましたが重要なことで、しかも今夜のレクチャーの根底にあるテーマなのですが、この世界での在り方として分離ではなく愛を選んでください。

この場合も、これを単なる言葉として、あなたが認めたくないたくさんのことを覆い隠すために使ってはいけません。愛を選んだ結果どのような行動をするかは、あなたの内面の状態によります。自分のネガティブさを認めるのは、いつのときも愛の行いです。それを対立している相手に直接言える場合に言おうが、あなたのネガティブさに個人的に関わっていない人に言おうが、違いはありません。それが宇宙へ向けた愛の行いであることに変わりはないのです。皆さん、あなたがまだネガティブでいることを選択しているとしても、宇宙への愛、あなた自身への愛を感じて、それを捨てたくなる日が来ることを思い描いてください。

鍵となるのは愛

心を開かなければ、あなたは枯れて、しぼんでしまいます。どれだけ正しい分析をしようが、苦しみをもたらす状況の背景や経緯、変遷をどれだけ見抜こうが、意を決して心を開かない限りほんとうの変化は起きません。皆さん、心から感じるようになれない限り、決して満たされることはないのです。また、愛そうとしている振りや愛している振りをしても、自分の思いを感じ取ることを恐れている限り、何の役にも立ちません。その恐れが強いほど、ますますあなたは愛することをためらってしまいます。

愛がなければ、強くあることも勇敢であることもできず、自分自身を愛することもできません。もう一つ言えることは、人を愛せない限り、自分を愛することはできません。まずは自分から進んで愛そうとすることから始めましょう。単純に愛そうと決心したから愛せるというものではありません。あなたの最も内奥の核にある聖なる性質に働きかけて、愛するという恩寵を与えてもらわなくてはなりません。神の恩寵はあなたを通して現れ、あなたの心を開かせ、感情や傷つくことに対する恐れを取り除いてくれるでしょう。あなたに必要なのは、それだけです。愛さなければ、あなたは何も持っていません。愛すことができれば、あなたはあらゆるものを手にしています。

しかし、あなたの愛が偽もので、愛している振りをしているだけならば、それは自分が憎しみを抱いていることを認めるよりもはるかに愛に欠ける行為であり、はるかに悪徳で有害なことです。憎しみを認めるのは、憎しみを否認して愛する振りをするよりも愛のある行為です。皆さん、今話したことをよく考えてみてください。

健全な怒りは愛の表現にもなり得る

質問：怒りについてはどうでしょう？　ときには怒りを表現するのはいいことだという理解は正しいでしょうか？

その通りです。バランスのとれた生き方をしていれば、ときには健全な怒りの表出があるものです。健全な怒りが内面の調和を乱すことはありません。この事実を無視したり、否定したりするのは大きな間違いです。これを否定するのは、自分の内面にある種々のエネルギーを人為的に調整しようとしたり、偽の善性を強制したりするからです。霊的に真に進化すれば時々怒りを感じることはあり得ないというのは、恐れや従順さから生まれる誤解です。

人間の領域では、健全な怒りは必要なものです。怒りがなければ、正義も進歩も実現できず、破壊的なエネルギーが支配してしまうでしょう。それを許してしまうのは愛ではなく弱さであり、善性ではなく恐れです。それが建設的な生き方を促進することはなく、悪習を甘やかせて増長させてしまうのです。それにより調和は増すどころか乱され、健全な成長が損なわれます。

怒りは、ときには愛と同じくらい健全で必要な反応です。怒りは愛の一部であり、自然に生じるものです。無理やり感じることはできません。どのような感情も無理やり感じよう、あるいは感じないようにしようとすれば、自分を欺くことになり、その結果不健全な怒りを健全な怒りのように見せかけることにもなるのです。

何がその感情を引き起こしたかによって、その怒りが健全なものか、あるいは不健全なものかが決まるわけではありません。原因となった事情は、それが純粋で健全なほんとうの怒りであり、それゆえもちろん建設的な怒りであることの十分な根拠になるかもしれません。それでも、その人格にある未解決の問題や不安感、罪悪感、不信感、矛盾が原因であるために、本人が感じる怒りは不健全である場合もあります。問題の状況そのものは怒りが正当であることを裏づけているかもしれませんが、当人がそれを表現することはできないでしょう。

ほんとうの愛を感じ取って表現できるようになればなるほど、それにきっちり比例して建設的で健全な怒りも表現できるようになります。ほんとうの愛とほんとうの怒りは内奥の自己からやって来ます。ほんとうの感情はどれもまったく健全で建設的であり、自己と他者の成長を促します。ほんとうの感情は無理やり感じることも、操ることも、押しつけることもできません。それは自発的な表出であり、自己に向き合った結果として自然に起きることです。

質問：この場合、身体への暴力はあってもいいと思われますか？

いいえ。健全な怒りが身体への暴力として現れることはありません。ネガティブな感情の表出が、たとえ不健全なものであっても、身体やその他に対する破壊的な行動に結びつく必要は少しもありません。これは、最もよくある、しかも最も害のある誤解です。内なる精神は、ネガティブな感情があることに気づいてしまったら、それを行動に移すことになるのではないかと恐れます。しかしそのようなことはありません。実際はそれとは反対に、あなたがそれをしっかり認識しないなら、それを行動に移すかどうか、いつどのように行うか、感情を表現するかどうかを自分で決めることはできなくなります。自分がほんとうは何を、なぜ感じているかを認識しなければ、あなたは自分でも理解できないさまざまな衝動に常に突き動かされ、苦しむことになります。衝動は、認識されない無意識の感情や状態の直接的な影響により起こります。自分自身を知れば知るほど自己をコントロールできるようになるのです。あなたは「私は自分自身を正直に見ることができない。そんなことをしたらよくない衝動に走って人に危害を与えてしまい、結局私自身も損害を被ることになりそうだ」と恐れるでしょうが、それは違います。このような不安も、表面化させた上で取り除かなくてはなりません。

毎日の瞑想で、この言葉を繰り返してください。「たとえどれだけ望ましくないことであろうと、自分自身が何を感じているかに気づくことは私を自由にしてくれる。気づけば気づくほど、自由に行動を選択できるようになる。正当な目的があるならば、たとえばワークを補助してくれる人が相手ならば、感情を言葉で表現することを選べる。もし表現することで関係を損ねる恐れがあると感じた場合は、それは差し控えよう。でも、そうしていることを自覚しているし、自分に嘘をつくわけではない」。このような瞑想はあなたの精神の隠れた層まで浸透し、あなたを強くするでしょう。健全な怒りはほんとうの自己からやって来るので、何をすべきか、どうすればその時々に必要なことを実行できるかを知っています。

正当な怒りを表現することを恐れる場合、愛することも恐れているものです。それによってほんとうの自己の表出、つまり押しつけの愛ではない純粋な愛の流れが妨げられ、曲げられて歪んだ怒りではない健全な怒りを表現する能力が妨げられるのです。健全な怒りはあなたを強くしますが、ねじ曲げられた怒りは弱くします。健全な愛はすべてを包み込み、あなたが与えれば与えるほどあなた自身を豊かにします。病的で歪んだ偽の愛は、自己と他者の利益の対立を生み、深刻化させます。その対立は二元的な概念によって起こり、かつその概念を強化します。その結果、常に善と悪との対立が起こります。まがいものの愛は必ず自己憐憫や恨み、敵意、対立につながります。そこにはこのような思いがあります。「私は愛さなくてはいけないから、愛していると思う。でも、ほんとうは愛したいと思っていない。だって私が愛したら、相手が有利になるだろうから。愛するべきなのに愛したくないから、私は罪悪感を持っている。自分が悪い人間のように感じる」。もしあなたがこう思っているなら、健全な怒りを表出することはできません。怒りは生じた途端に打ち消されてしまいます。なぜならば、あなたは愛そうとしないので、怒りを感じる権利が自分にあるとは思えないからです。

その時々に感じている感情を正しく表出するにはどうすればいいかに悩んでいるなら、あなたは宇宙の素晴らしさ、つまり対立のない存在の真理を体験しなくてはなりません。その真理においては、自分に割り当てられた幸せをすべて受け取ることと愛することとが両立します。あなたが無理に愛そうとする背景には恐れや過去に受けた傷、幻想から生まれる愛の欠如があることを、善良な意志の働きによって認識し、それらの幻想とは何かを見出す努力をしてください。そうすれば、最後には真の愛、真の自己へと到達し、自分の感じ方やあり方をすべて純粋に表現するようになるでしょう。あなたの感じ方やあり方は善良で正しいのですから。

生々しく現実的に感じていただくために直接語りかけたこの言葉を、時間をかけてよく考えてください。私はあなたの霊的な自己に伝えたのです。そのためには、あなたは自分をだましたり、見栄を張ったりしてはいけません。そうすれば、あなたの中にいる神へ通じる道がふさがれてしまいます。

自分のどこがどのように愛に欠けているかをまだ発見していない人は、それを発見することから始めなくてはなりません。あなたのどこか一部はすでに愛することができているからといって、自分をだましてはいけません。その愛を感じてどれくらい自分は満たされているか、どれだけぬくもりと安心を感じているか、どれだけ居心地よく暮らしているかを自分自身に尋ねてみましょう。それがあなたにどれだけ愛があるか、偽りがないかの答えになります。自分が憎しみを抱いたり人を罰したり悪意を持ったりしていることを認められるようになればなるほど、あなたは愛せるようになります。

皆さん、これを理解するには多くの瞑想と純粋に善良な意志が必要です。しかしそれにしても、これはなんと素晴らしい人生の秘訣でしょう！　この新たな意識へ入ることを切に望んでください。覚悟ができているなら、この新しい拡大した生き方へのシフトに抵抗してはいけません。なぜならば、そうしないとあなたは痛みを伴う危機的局面を迎えることになるからです。抵抗が少ないほど、誠実で愛に満ちた新しい状態へと滑らかに移行できるでしょう。

この方向に向かってもっと先へ、もっと深く進むことに専念してください。あなたとあなたの周りの人々を助けるために……。それを実現させてください。それはこの上ない祝福です。あなたは必要とされている新たな内なる環境を、あなたの中にも、外にも創造することでしょう。

あなた方はほんとうに祝福されています。真実の歩みの一歩一歩、愛へ向かう一歩一歩が霊的なエネルギーをさらに解放し、あなたの聖なる本質を活性化します。その聖なる本質でいてください！

12章のまとめのエクササイズ

霊的世界の仕組みと多様性――転生のプロセス

1.「ですから、いつも自分や自分の苦しみばかりに注目するのをやめるように。相手を見ましょう。しばらくの間は自分のことは忘れて、これまで私が説明してきたように相手を理解する努力をしてください。あなたの苦しみではなく、その人の苦しみを見て、あなたの不安ではなく、その人の不安を見ましょう。そして真実を見る観点と見抜く力を授けてくれるよう神に呼びかけ、自分の置かれた状況をすべてありのままに認識してください。自分の視点から見たいものを見るのではなく。相手が何を必要としているかを、そして相手の寂しさを理解したいとあなたが心の底から思えるなら、その人が間違ったことをしても、それによってあなたが苦しんだり悲しんだりすることはあり得ないと、愛する皆さんに保証します。「我」ではなく「汝」に注意を向け、真実を限なく見ることができるよう神に助けを求めれば、あなたは自分自身の苦しみから解放されます。その願いに嘘偽りがないならば、それは叶えられるでしょう。しかし、嘘偽りのない願いに動機づけられるには、その決心が必要なことは、誰もがよく知っていることです。これを、自分を試す機会ととらえてください」

12章でガイドは、自分の心の傷ばかりを気にしたり、自分が望むレベルの扱いをしてくれない人々に恨みや怒り、その他のネガティブな感情を抱いたりする私たちの傾向を浄化する方法を教えてくれます。さらにガイドは、このようなネガティブなエネルギーが積み重なると、戦争やその他の破壊的な集団行動の勃発の一因になると説きます。

先ほど引用した文を読み、あなたが悩んでいる人間関係に当てはめ、相手の実際の姿を「見て」みましょう。その関係は、「相手が何を必要としているか、どんな寂しさを抱えているかをあなたが理解する必要」のある関係なのです。

デイリー・レビューをするときに、その相手に関して、そして人生経験に対するあなたの包容力に関して、あなたの内面で心理的、感情的、および霊的にどのような展開があるかを見つめてください。

2．あなたのこれまでの人生がひどく困難なものだったとしても、あるいは大変「幸運」なものだったとしても、それを精一杯生きることによって霊的に成長しようとしていますか？

今のような人生を送ることに何の意味があるかを、あなたはよくわからないかもしれませんが、あなたのその人間としての境遇を越えたところに目を向けて、その霊的な目的に波長を合わせてください。あなたは何を育てたり、浄化したり、学んだりしようとしていますか？

それに気づけるように、そして今の人生とあなた独特の境遇を精一杯活かすことができるほど強くなれるように、神の助けを求めましょう。

3．美は高次の霊的世界の性質です。私たちは美に触れることで、高次の霊的エネルギーと霊的現実の精緻で洗練された強い波動に少しずつ順応することができます。視覚、聴覚、臭覚、味覚、触覚などの感覚は、私たちに美を体験させてくれます。

美を人々の中に、環境に、創造的な表現や芸術作品、音楽に、そして自然の中に見つけることを習慣にしてください。美の現れをことごとく認識し、その美を取り込んで霊的成長の糧にしてください。高次の世界から供給されるインスピレーションと霊的な糧をあなたのエネルギーシステムに受け入れましょう。

マデリン・ディートリック

第3部

拡大した意識の時代の人間関係

男女の関係が完結するのは、すべてのレベルにおいて浄化された人格同士が融合するときです。精神が十分に解放されたなら、私たちはどのように愛し、生き、人間関係を創造するでしょうか？

本書の最後に収められたレクチャーは、人類の意識に現在起きつつある重大な変化に関するものです。この意識のシフトは現実に起きていて、世界中の多くの人々がそれに波長を合わせています。これらの独特なレクチャーを読み進めるにつれて、人類がこれまで経てきた男女関係や性、結婚により意識が段階的に成長したことを理解できるようになります。それは心躍る展望です。歴史の霊的な意義は、過去と現在、未来をつなげます。

この宇宙的冒険に、一人の男性または女性として、私たちはどのように参加できるのでしょう？ レクチャーの助言に従ううちに、私たちの意識は少しずつ上昇していきます。一人の個人としての浄化のプロセスが、私たちを地に足の着いた霊性――それがパスワークです――へと導いてくれると考えていいでしょう。

パスワークでは、完全に自己を理解した人間に対する最高の定義として、キリスト意識に到達した人と表現します。この「キリスト意識」、つまり「キリスト的存在」という定義は、いかなる古い宗教的な意味合いをもはるかに超えています。秘伝的な解釈では、神でもある人間のキリストが体現しているのは、人間の巡礼の旅の目的を達成することです。その目的とは、完全に自己として在ること、完全に自由に選択すること、そして聖なる創造の原理と完全な愛、限りない憐れみを具現化することです。パスワークが説くところによれば、道のりは長いですが、目的地までたどり着くことは可能です。そこへ行くのは私たち全員の運命でもあります。

完全な存在──私たちは誰もが潜在的にそうなのですが──は、歪みのない男性性及び女性性エネルギーのあらゆる要素を統合させていて、もはやそれらが分裂することはありません。レオナルド・ダ・ヴィンチの『最後の晩餐』に描かれているイエスを見たことがある人なら、その顔が中性的であることを思い出せるでしょう。キリスト的人間は、力と柔軟性を共に備えています。最近のことですが、私はフレデリック・フランクの絵を見たときに、死からよみがえったキリストの顔が仏陀の顔と似ていることに気づきました。仏陀もまた男性でも女性でもなく、中性です。それは素晴らしく衝撃的な絵でした。

それでも、パスワークは私たちに究極のものをつかむよう奨励する一方で、その教えの大らかな情熱は、欠陥があると同時に素晴らしい今の私たち一人ひとりをあまさず祝福しています。私たちは肉体を持ちながら、今を存分に生きるよう促されています。その気になりさえすれば、意識的に日々を生きて、いつも満たされ、幸せでいることができるのです。

ジュディス・サリー

第13章 融合——性の霊的意義

こんにちは皆さん。皆さん一人ひとりに祝福がありますように。

自然な行動であろうと、本能的な行動であろうと、あるいは本人の意図的な行動であろうと、人間の行うことにはどれも深い霊的意義があります。人間の経験はすべて、より広く、より深く、より豊かな実在の表現です。このレクチャーでは、性の霊的意義について話します。**「性」という言葉を、あらゆるものを創造するエネルギーという意味で用いながら、人間の領域において性の目的と霊的意義はどのような形で現れるかを説明します。**

性がどのように現れるかは、個々の人間の成長段階によって異なります。完全に自己を理解した人、平均的な人、そして霊的な成長が大変低いため、ひどく閉ざされ、分裂している人では、性の原理は異なる現れ方をします。

性のエネルギーとは、**融合へ向かう意識**が現れ出たものです。統合や一体化とも呼べるその融合とは、「創造」が目指しているものです。どのような言葉を使おうとも、ばらばらに分かれた存在たちに共通した究極の目的とは、巨大な意識から分離して個別化した部分を再び全体に統合することです。切り離された部分は強大なエネルギーとつながっていて、そのエネルギーが各個人を統合へ向かって突き動かします。その誘導力は抗い難いものです。そして、それはどのような生きものの中にも存在します。人間の知性や感覚でとらえることはできませんが、無生物の中にさえあります。

最も理想的な形で性の力が現れた場合、霊的な喜びや一体性、永遠性とは何かを、他のいかなる人間の経験よりも雄弁に伝えてくれます。**完全な性経験は、あなたが限界ある心によってあなた自身を閉じ込めた時間と分離の枠を打ち壊します。**その経験により、あなたは自分がほんとうは永遠の存在だということを思い出すのです。

性的な一体化がどれほど素晴らしい融合と永遠の感覚をもたらすかは、当人の内面がどれほど統合されているか、それゆえ当人の存在の各レベルにどのような考え方や感じ方があるかによって決まります。性的経験において肉体的、感情的、精神的、および霊的レベルが表現され、これらのレベル間に対立がなく、互いに一体化しているならば、自身の存在のすべてのレベルが霊的な法則に従って表現されたとき、性は人間の経験の中で最も完全で充実感があり、豊かで喜ばしく、滋養があり、持続し、促進し、霊の本質を思い起こさせるものとして経験されます。その完全な一体化という至福の経験がもたらす感覚は、個人的な満足感と充足感をはるかに超越します。これを実現させる人々は、宇宙的な任務も果たしていることになります。そう聞くと不思議に思うかもしれません。なぜなら人間は、任務を受けてそれを果たすというのは困難で骨の折れることで、不快でさえあるという考えに慣れているからです。しかし、ほんとうのところは彼らの喜びや楽しみ、至福感、恍惚感が増せば増すほど、彼らはこの宇宙に創造力を蓄えているのです。このような経験の一つひとつが「創造」の内を照らす新しい星のようであり、いつかは光があふれることを運命づけられている虚空の暗闇にともる灯りなのです。

肉体的、感情的、精神的、霊的な融合

肉体レベルにおいて、性的経験はどのような意義があるのでしょう？ 誰かと肉体的に結ばれたいという衝動は、何を示しているのでしょう？ それは子孫を残すためであるとか、快楽を得るためであるなどとよく言われますが、それらは一面的な見方でしかなく、表面しかとらえていません。**二人の人間が互いに惹かれ合う場合、二人は互いを知りたい、相手に自分をさらけ出したい、自分を知ってわかってもらいたい、相手のほんとうの姿を見たいという熱烈な願望を抱いている、と言うこともできるでしょう。** あなた自身を他の存在にさらけ出すことで、ほんとうのあなたとしての存在は、同じようにあなたを知りたいと思っている相手の自己の次元にすっぽりと入り込むことができます。互いの願望は自然に湧いてくるエネルギーによって高められ、震えるほど幸せな感覚と切望をもたらします。

肉体的なレベルで魅力を感じても、他のレベルはわずかしか関与していない場合、結果的には失望することになるでしょう。その経験は、魂のほんとうの切望をほんの少し表面的に味わったに過ぎません。ほんとうの切望はよく見えず、理解することも求めることもできません。相手の魂との完全な一体化を求めるには、パスワークのような浄化と統合の作業が必要になるのです。

盲目的で限界のある人間の意識は暗闇の中を手探りするしかないので、ほとんどの場合、魅力を感じるのは実際の相手ではなく、自分の心が作り上げたイメージです。そのイメージは、自分が実際に必要

とする、あるいは必要だと思い込んでいることを満たすために相手に求める姿です。このような場合、しばしば実際の相手をまったく無視し、頑なに認めようとしません。願望に駆られたその人は自分の抱く幻想にこだわり、その幻想が現実にならなければ怒り出します。あなたがこのような状態でいるならば、ほとんどの場合、相手も同じことをしています。両者はまるで他の誰かを求めているかのようですが、本人たちは気づきません。あなたがどれだけ実際の相手を求めているかは、あなたがどの程度満たされているかを考えれば判断できます。至福を感じないならば、求めているのは幻想であることを示します。たとえば親などの、他の人物の姿を実際の相手に重ね合わせているのです。純粋に相手に惹かれていて、その思いに現実的で健全な基盤があるなら、あなたはその特別な人に直接魅力を感じ、極めて打ち解けた状態で正直に自分自身をさらけ出したいと思うでしょう。そして可能な限りその人と親しくつながっていたいと願うことでしょう。

人間の魂には誰かと親しくつながっていたいという切望が常にありますが、幼い子どもと大人とでは、その形は異なります。幼児にとって親しさとは、まったく受け身の経験です。子どもは単純にひたすら受け取る生命体として、栄養と愛情を取り込み、吸収します。それは宇宙的な女性性原理をよく表しています。この場合、母親は与える側であり、自身の男性性原理を発現している実際の女性という立場です。大人にとっての完成された親しさとは、それが互いの経験でなければなりません。両者が積極的に近づき、与え、維持し、育み、受容し、取り込むのです。これは自然で自律的かつ自発的なリズムであり、エゴに指揮が取れるものではありません。それは法則的プロセスの否応なしの発現であって、厳密かつ複雑であり、しかも深い意味を持つため、人間の理解力で理解できるよう説明することは不可能です。

それを実現させたくても、妨害してくる者がいます。それは大人の人格の中にいて、自分の望みをいまだに達成しようとしている幼い子どもです。その子が求めているのは、他の誰でもない特定の人ではなく、自分の面倒を見てくれる親です。そしてひたすら取り込むだけの受け身の親しさを求めています。そのような動機では、決して融合は起こりません。それゆえに、そのような未熟な結びつきを望む人は、いつも思い通りにならないいらだちを抱えながら生きることになります。そしてそのいらだちがあるため、用心深く引き下がってネガティブに考えることが当然だと思うようになります。親しさへ向かう活動は分裂し、反動によって回線がショートしたような状態になります。そうなれば、わけのわからないまま行く手をふさがれて身動きがとれない感覚を持ちます。

感情のレベルでは、融合へ向かう活動は感情のやり取りという形で現れます。感情のやり取りとは、大人の場合、現実には何を意味するのでしょう？　感情のやり取り、つまり性の感情レベルは、ほんとうの意味の愛があるか、愛が現れ愛の側面を持っているかどうかが決定的な要素になります。あなた方は愛という言葉を気ままに使いますが、ほとんどの場合、それには何の意味も込められていません。もっとひどい場合には、エゴの欲望やネガティブな目的といったまったく別の思惑を隠ぺいするラベルとして利用します。人々は互いに相手をどこまでも自分の利益のために利用し、それを愛と呼びます。しかし、そのステレオタイプ化したラベルの下に、ほんとうはどのようないきいきと輝く経験があるのでしょう？　愛という経験は、何よりもまず相手についてのさまざまな真実を知ろうとすることです。**そのためには、自分のエゴや欲求、期待、個人的な関心事はしばらく脇に置いて、自分を空っぽにする必**

要があります。そのときあなたはありのままを受け入れ、相手を受け入れて、あなたではないその存在の複雑さのすべてを深く認識し、知り、感じることができます。これほど素晴らしい経験が他にあるでしょうか！

相手はこうあるべきという幻想を維持することに関心がなく、相手が幻想とは違っても腹を立てたりしないなら、あなたはありのままを受け入れられるほど空っぽです。これは愛の表現の一つです。その揺るがない土台の上に感情のやり取りを築くことができます。

現実の相手を認識したとき、あなたは自分の身勝手さや自尊心、ありのままと向き合う恐れから解放されます。必要なときには、あなたは苦しみやいらだちさえも上手に取り扱えるようになり、その結果、究極的には至福である現実があなたの下へやって来ます。至福を与え、受け取り、感じるためには、いらだちや苦しみを受け入れる感性を持つことが不可欠です。一方で、自分の思うようにならないことや少し傷つくこと、あるいは自分の有利な立場——想像上のものでも実際のものでも——を手放すことなどの苦しみを大変な脅威と感じて自己防衛しているならば、あなたは内なるエネルギーの流れの外に固い壁を築いています。この壁があるために、何もあなたの中に入って来ることはなく、あなたから誰かに向かって何も出て行きません。あなたは苦しみと不快さを寄せつけないために自分で築いた牢獄の中に一人ぼっちでいます。無感覚になり、存分に生きることができません。融合することができないため、ほんものの喜びを感じられないのです。

愛することができ、それゆえ与えること、受け取ることができるようになるには、曇りのない洞察力で現実を認識できなければなりません。さらに、それができるかどうかは、苦しみを都合よく解釈して追い払おうとせずに、どれだけ感じ取れるかにかかっています。都合のいい解釈は、苦しみを消すことだけが目的です。一方で、苦しみの存在を許すことができれば、その苦しみをもたらした状況を正しく解釈するための余裕が生まれるのです。

相手のありのままを容認することがほんものの愛の側面であると私は言いますが、この言葉には、単にその時点の相手がどういう人であるかを受け入れること以上の意味が込められています。**それは、まだ実現されてない潜在的な面を含めた相手のすべてを思い描くということです。**相手のまだ現れていない部分を思い描くことは、素晴らしい愛の行為です。それは、身勝手な動機から架空の人物を創作するのとはまったく異なります。あなたの愛する人に「ありのままのその人」でいる自由を与えることができたら、あなたは相手を信頼し、相手からも信頼されるようになります。そうしてあなたも、ありたいようにある権利を主張する自由を得て、反感を持たれたり、ネガティブなゲームに陥ることなく、それを行使できるのです。自己肯定感は、心から与える姿勢がもたらす罪悪感のない内面のあり方から生まれます。与えることに心の底から賛成できたとき、あなたは不賛成を表明することもできるのです。あなたが完全に与えるとき、あなたは内なる受け取る権利を主張できます。しかし、それを子どもじみた神経症的な要求と混同してはいけません。

思いを伝えなければ、互いにやり取りすることはできません。実際には伝えることと受け取ることは一つの行為なので、自分自身に伝えなければ相手に伝えることはできません。反対に相手に伝えないなら、必然的に自分自身にも伝えないことになります。ですから相手はあなたから奪うことになるのですが、あなたは伝えることと受け取ることとは別々の行為であるという幻想を抱いたままなので、相手を責めることになります。あなたが受け取りたいさまざまな感情や愛の要素があなたから豊かに流れ出ない限り、あなたが切望している融合は起こりません。愛の要素とは優しさ、温かさ、尊敬、そして成長し、変化し、善性を増す素質も含めたその人の本質の認識です。さらに忍耐、そして疑わしいところは好意的に解釈するということも含まれます。一歩下がって、あり得る別の解釈について思いめぐらせてください。信頼し、別の解釈のための場所を空けましょう。あなたもまた、完全な愛が持つこれらの要素を与えて欲しいと強く思っています。これらの完全な愛の要素を与えられるほどの度量を持つために惜しみなく努力してこそ、感情レベルにおける融合が起こるのです。

それでも感情的に融合する——そして完全に融合する——ためには、相手に対して正直にあなた自身を表現することも必要です。たとえそれが歓迎されない、あるいは求められていないことかもしれなくても……。いわゆる優しく、情の深い態度を装って何も言わずに受け入れるのは、ただ感情に流されているだけであり、多くの場合誠実さに欠けています。なぜならば、あなたはほんとうは面倒なことになるのが怖いだけだからです。苦しんだり、自分をさらけ出したり、相手と対立したりしたくないし、二人の関係をより高次の深いレベルへと再統合するという骨の折れる作業をするのも嫌なのです。罪悪感を抱かずに健全な形でこれを行えるようになるには、自分自身の残忍さとしっかりと向き合い、それを捨て去ることが不可欠です。あなたの中にいかなる種類であろうと残忍さがある限り、相手を傷つけずに正直に話すことはできません。なぜならば、相手を傷つけるという隠れた動機があなたのエネルギーに浸透し、あなたの行動や発言に大きな影響を与えるからです。そのためあえて正直に話そう、改善すべき状況を直視しようという気にはなれないのです。

では、どうすれば妨害されずに愛を与えることができるようになり、さらにそれを広げられるのでしょう？　あなたから残忍さがなくなり、極めて建設的に正直に話すことができたとしても、相手が傷つくことはあるでしょう。その理由はおそらく、その人は絶対に批判されたり頭を押さえつけられたりしたくないと思っているからです。しかし、あなたが相手のそのような反応に傷ついても平静でいられるなら、危険を冒しても行動に出ることができます。そして困難を乗り越え、心を開いて感情をやり取りすることができるようになるでしょう。愛そう、もっと深く感じ取ろうとする誠実な意図から行動すれば、パートナーを怒らせるかもしれない危険を冒したときに、実り多い結果が得られるのです。反対に、相手を傷つけるために「真実を話し」、しかもその意図を認めようとしない場合は、望ましくない結果が待っているでしょう。その隠された動機に対して抱く罪悪感は、あなたと真実との間、そしてあなたと相手との間をさえぎる壁となるでしょう。

あなたの魂が強く望んでいる充足と至福は、他の意識との融合がなければ得られません。それには、あなたがいちばん守りたい秘密を明かし、直視し、認めることで、相手からの妨害にもかかわらず正直に話すことができなければなりません。さらには、最良の感情を表現したくても、パートナーの隠れたネガティブな考えや密かな駆け引きがそれを邪魔してくると、あなたは躊躇してしまうこともわかっておく必要があります。私の言う好ましい自己主張とは、相手を責めて何かを要求することとはまったく異なります。そのような態度は、実は責任を相手に押しつけているのです。正しい自己主張には相手への非難はなく、それでいて相手のやっていることは認識しています。相手を責めることに関心がなくなったとき、あなたは心の底から正直に話すことができます。自分と向き合ってとことん正直にならなければ持てない明瞭な洞察力により、パートナーがネガティブな方向性を持っていると判断したならば、あなたは危険を冒して行動に出るでしょう。一時的につらいことがあっても、それで気持ちが萎えてしまうことはないでしょう。

感情面で融合するには、ときには危機が訪れることを覚悟の上で、正直にやり取りする必要があります。そしてそのためには、自分自身に正直になり、不実で人を傷つける破壊的な行動パターンを捨てる善き意志を持つことが不可欠です。あなたが限界を感じ恐れているとしたら、あなたは融合によって生まれる二人の視野と深い至福にも同じように限界を設けています。その場合、その恐れは二人の中のどこから発生しているかを、互いが自分自身に尋ねる必要があります。あなたはあなたのことにしか責任を持てないので、何よりも自分のどこにその恐れの発生源があるかを問わなければなりません。自分に見えるものについて話すのが怖いと感じさせる残忍さは、あなたの中のどこにあるでしょう？　自分自身のどこがわからないために、必然的に相手のこともわからなくなっているのでしょう？　そのような状態では、あなたは自分の見ているものに確信が持てないので、それを攻撃から防ごうとします。その結果、相手に敵意を抱いて闘争的になるのです。繰り返しますが、感情面でどれだけ融合できるかは、これらのことをどれだけ実行できるかによって決まります。

次に精神面での融合についてですが、これは思考のレベルで起こります。その土台になるのは、極めて深い観念や思考をやり取りする能力、そして同意してもらえなかったり、嫌悪感を持たれたりする危険を冒す能力です。精神面での融合には、ある程度の相性の良さが不可欠です。相性のいい二人が、人生に関するいくつかの共通の基本的観念を持っていなければなりません。さらに、霊的に似通った成長次元にいることも必要です。ただし、ありとあらゆる小さな観念もすべて同じであるべきというわけではありません。それはあり得ないことですし、ある程度違っていることは必要です。人間は一人ひとり違っていますし、違っているから互いに成長できるのです。

精神的な融合には、いくつかの素質が求められます。一つは、互いをほんとうに理解したいという思いです。もう一つは、互いが持っているであろう観念や意見を探し、必要ならばそれらを捨て去る謙虚さです。さらに、相手であろうが自分であろうが、正しいときあるいは間違っているときには、その事実を謙虚に受け入れることも必要です。いかなる小さな課題についても真理をさらに深く追究することこそが成長の素晴らしい糧となり、精神のレベルでのより深い一体化を促します。意見の食い違いに対してあなたがどのように向き合い処理するかは重要です。単に波風を立てたくないから観念の対立をことごとく避けるのですか？　その問題はどうせ「重要でない」から、平穏を保つためにうわべだけの同意をするのですか？　もしかすると、自分に直接関係のないことをわざわざ深く考えることなどできないのでしょうか？　または、自分が「正しい」と主張するのは、単にそうしたいからなのでしょうか？

意見の相違を通して、あなたが建設的に取り組まないために蓄積されたネガティブな感情や思考の出口を見つけることはできないでしょうか？

相手とは違う考えを持つ自由を持てるのは、二人が霊的真実にしっかりと支えられている場合だけです。霊的な現実を常に最終的な目標に定めたとき、真実はただ一つしかないこともわかります。これは極めて重要な問題から日常の些細なことまで、ありとあらゆるものごとに当てはまります。しかしその一方で、一つの真実にはさまざまな側面があり、しばしばそれは一つの全体が含む、見かけの上では正反対の二つの部分であることも、あなたは理解します。霊的真実が究極の目的になれば、あなたは意見や観念、思考などのサドルに身軽に腰かけるようになります。そうなれば、それらを伝えたりやり取りしたりできるようになります。内面の真実、つまり霊的真実に目標を定め続けるなら、多少の不同意や意見の相違は徐々に消えてしまうでしょう。最初はそれらが重要でなくなり、やがてすべてが一体である霊的真実に統合され融合してしまいます。

精神面の分かち合いをなおざりにしてはいけません。人々はしばしば人間関係を性的な面から、そしてある程度は感情面から判断しがちですが、精神面からは見ていません。これは、知性や観念、思考をひどく重要視するこの世界にあって不思議なことです。しかし人々は、精神面での融合の喜びを得る機会を自分からも相手からも奪いながら、一緒に毎日を送っています。自分の最も内奥の存在も、自分が何を考え、信じ、夢見ているかも、どのような願いや感情、恐れ、目標、あこがれ、不安、希望を持っているかも明かしません。思考と観念の世界は、すべてを分かち合うには欠かせない要素です。また、他のレベルでは離れているために融合への自然な活動に同調できずにいながら、あるレベルでは融合して心から満たされるということはあり得ません。たとえば、性的な相性が悪いために行き詰まったと考えている場合、しばしばその悪い相性は肉体的な魅力をまったく感じないことに起因するものではありません。その原因はおそらく他のいずれかの、または他のすべてのレベルにおいて十分な融合が起きていないからです。

霊的な融合は、必ず肉体的、感情的および精神的なレベルでの融合の結果として自然に起こります。これらの三つのレベルにおいて融合が起きたならば、それは両者が霊的な道に熱心に取り組んだ結果、霊的に高く成長したことを意味します。二人は十分に目覚め、志を持って意識的に霊的な真実を求めています。完全な融合が起きるとしたら、その第一の目標は霊的な自己に到達することでなければなりません。ですから、創造されたすべての者たちが望んでいる充足と至福がどれだけ実現するかは、本人がどれだけ霊的に成長しているか、そして成長し続けているかによって決まります。そのような状態がどれだけ維持できるかは、どれだけ二人が変わりつつあるか、そしてどれだけ破壊性が減少し、それに代わって建設的で明るく肯定的な態度や振る舞いが増えるかによって決まります。しかしあまりにも多くの人間が同じところに留まり、そこから抜け出そうとしません。そうしておきながら一体性へのあこがれが叶わないでいることに驚き、その原因は相手や周囲の状況や世の中にあると言うのです。

人生に関わるあらゆる問題は、究極的には霊的な自己と霊的な現実に関係しています。すべての論争をほんとうに解決できるのは、霊的な自己の中だけであり、その霊的な自己は創造されたすべての者たちにおいて一体です。二人に融合が起きて、二人の内側には霊的世界が存在し、そこでは二人が一体であることに気づくと知ったとき、霊的な一体化が起こります。すべてのレベルにおいて一体化することで、性のエネルギーのとてつもない創造力が生まれ、その力はポジティブな要素とネガティブな要素の両方を備えながら自力で生き続けます。二人がその命に入り、一体性に向けられた二人の努力によって何かが動き始め、それは流れのように勢いを増します。その人の人格はその流れに従う術を身につけなくてはなりません。

性が魂の問題を映し出す

人間の精神の中にあるものはすべて性の経験に現れます。何も例外にはできません。それゆえ実際の性的経験の姿は、その人の精神の状態のあるがままをみごとに示しています。それが明らかにするのは、当人のどこが解放されて聖なる法則と共にあるか、どこに悪意と破壊性があるか、そして隠され、放置されたままの破壊性によってどこに行き詰まりが生じているか、ということです。隠された側面は性の流れにより磁力とエネルギーを得て、結果としてその方向性を決定づけます。それがネガティブな方向に向かい、それゆえ恥ずかしさからそれを否認すると、二人の成長は妨げられ、活発な生のエネルギーは停滞します。

性という表現に本来備わっている強い創造的エネルギーは、本人の生きる姿勢や奥深くに隠れている性質がすべて現れざるを得ない状態を作り出します。残念ながら、人間はそれについて極端に無知です。最新の心理学でさえも、性の現れ方――必ずしも行動ではなく傾向として――は、その人の考え方、性格とエゴの傾向、問題点と不純さ、そしてもちろんその人のすでに浄化された素晴らしさを含む、その人の特徴全体をさらけ出すことに気づいていません。どこをどのように見ればいいかさえわかれば、これらのことはすべて誰の目にも明らかになります。

あまりにも多くの人々が性的態度を単に健全かそれとも病んでいるか、あるいは道徳的に正しいか正しくないかという単純な目で見ています。また、その態度が何かを暗示していることを頑として認めようとしません。そうなれば、その性的傾向は純粋に趣味の問題であるとか、目の色と同じように生まれつきの特徴であるととらえて、その暗示を自分から切り離してしまいます。ほとんどの場合、問題に名前をつけることで解決したような気分になっています。内面の本質からの霊的メッセージは、たとえそれが性的傾向を通してどれほど大声ではっきり伝えられようと、またその傾向が表に現れていようと、あるいは否認され、抑制されていようと、多くの場合まったく無視されます。本人の欠点によって性的な衝動が残忍で破壊的な妄想に変形しようとも、他の破壊的な感情の場合と同じく、それを行動に移す必要はありません。パスワークであなたが残酷な感情を自覚した場合も、それと同じことが言えます。行動に移さなくても、それらを直視し、理解し、受け入れ、対処して、その内面的意味を知ることは可能です。

性的なエネルギーは大変に強力なので、その人の人格に存在する重要でなさそうなちょっとした態度も、すべて性的な表現の中にみごとに象徴的に再現されます。個人における性の現れ方は、本人がどうしても気づかねばならない内面の要素を映し出します。皆さん、これを聞いても、聞いたことを実際に活かすかどうかが重要なのです。自分の性を新たな目でよく見てください。それは、性以外のあなたの性質、人格、態度などについて、どのような事実を照らし出していますか？　あなたの性は何についての問題を提起していますか？　そしてあなたのどこにある、どのような浄化された性質を見せていますか？

あなたとパートナーとが四つのレベルのうちの一つで融合していない場合、そのことはあなたの生活で明白に現れます。仮にあなたが肉体レベルでの魅力や欲求、願いが強いとします。そしてあなたはそのレベルでの自分自身をさらけ出す覚悟があり、そこでの融合を求めたとします。しかし、感情のレベルと精神のレベルの両方または片方では、まったくそのような状態ではないとします。それらのレベルでは別々でいたいと思っていて、与えたり、危険を冒したり、そのレベルを絶えずより高い次元へと統合したいとは思っていません。そのような場合、肉体のレベルは大幅に制限を受けるばかりでなく、あなたが隠そうとしている感情的、精神的態度は性的衝動の性質に何らかの形で露わになります。それらの態度が性のエネルギーにより性的な形で現れているとは、あなたは思ってもみないでしょう。

ネガティブな精神構造が意識から排除されている場合、性の経験は閉ざされた、単調で満足感のない機械的なものになり、もっとひどい場合にはまったく機能できなくなります。それを意識できるようになると、性的傾向はその人の特徴を表すようになります。たとえば、残忍性に喜びを感じることなどです。それには多くの種類があるので、一般的なことは言えません。たとえば、罪の意識とそれに起因する自責の念を否認し抑圧していれば、それは傷つけられたり、辱しめられたり、拒否されるといった性的傾向として現れます。数限りない形とそれが表わす意味が存在します。性的妄想はどれも認識され、その存在を許され、それにより理解される必要があります。停滞した性的エネルギーを再び流れるようにする方法は、これしかありません。たとえ手始めにその妄想を心の中で、あるいはすでにある親しい関係で遊びのように演じることになっても、それでいいのです。

性的表現が常軌を逸している場合、しばしばそれは明確に意識されており、人々は思い通りにできないながらも可能な限りそれに耽溺し、楽しみます。それでも、その性的表現にはもっと深い意味があることには思い至らず、単に「私はこうなのだ」と言ってその楽しみを放棄しようとしません。自分が喜びを得るにはそれしかないと確信しているのです。しかし、それはまったくの間違いです。ネガティブな特徴を認識したときに手が届くようになる喜びは、比べものにならないほど強く素晴らしいものです。しかも、その喜びのために何かを犠牲にする必要はありません。変わるためには、まず初めに、認識されているネガティブな特徴と、性以外の人生の側面との関連に気づく必要があります。そこから出発すれば、それは性的な傾向へと自然に形を変えていくことでしょう。

あなたがある程度この道に取り組んできたなら、すでに自分自身のネガティブな面にいくらか向き合ったことでしょう。そのネガティブさが性の中に表現されていないことを想像できますか？　そのネガティブさがあなたの性的な態度の中に現れ、充実と融合と至福を実現する能力を妨げていることなどないと、一瞬でも信じることができますか？　そう信じることはまったく愚かなことだと言えるでしょう。ですからよく観察して、どのようなネガティブな特徴によって何があなたの中に現れているかを、具体的に探してください。これはあなたにとって胸がドキドキするような作業ですが、たくさんの手がかりを与えてくれるでしょう。その探索が詳細で具体的になればなるほど、それに応じて隠されたものがより露わになり、洞察と自分自身に対する理解が増していきます。

皆さんも知っているように、自己に向き合い、成長するには、原因と結果を結びつけることは重要な要素です。人間の人格にある最大の苦しみと不協和は、原因と結果との結びつきを見抜けないことから生じます。原因に気づかないままその影響に苦しむほど辛いことはありません。

高い霊性と性は相容れないか

ほとんどの人は、**性と霊性とが共存できる**ことをいまだに信じられないでいます。しかしこの状況はもうすぐ変わるはずです。今は霊性の流入により、すでに新しい時代が始まりつつあるからです。これまでは、性と霊性とは対立するものだと考えられてきました。霊的な一体化は存在の全レベルでの一体化を達成した結果として起きること、そして全レベルには肉体レベルでの性的な一体化も含まれることは知られていませんでしたし、完全な統合と一体性により、性と霊性とが調和することも知られていませんでした。霊的に高い生き方は、他のすべてのレベルで完全な一体化が起きてこそ実現されるものです。どこかの部分を他から切り離すことで実現されるわけでは決してありません。霊性のほんとうの意味は一体性、完全体であり、それには存在するすべてが含まれることを意味します。それゆえ人間関係の満足度は、本人の内面の統合度が必ず反映されています。人との一体化が叶わないならば、あなたの内側に分離があるのです。

人間にとって、たとえ概念上でも霊性と性とを統合させることが難しいのは、まさに私がこれまで言ってきたことが原因です。つまり、隠れた邪悪さが性的な表現を通して現れ出るからです。何世紀にもわたって霊的な教義が性を霊的成長を妨害するものと見なしてきた理由は、ここにあります。古い時代は、そのように見なす理由があったのです。当時としては、それは完全に間違っていたわけではありません。古い時代の人間は今よりも成長レベルが低かったので、性を通して野蛮さや獣性を行動に移したのです。その時代は、意識と良心、つまり霊の流入が現代に比べてはるかに限定的でした。どのようなことをしても罰せられず、正当化できました。強者が権力を持ち、弁解の必要もありませんでした。克己心や自制心を働かせる能力は事実上存在しませんでした。人の気持ちを思いやる感性は非常に低く、稀でした。そのような世界では、霊の流入を少しでも可能にするためには強い衝動が抑制される必要があったのです。そのために、これまで長い間にわたり、霊的な鍛錬は自然な本能を抑制することに向けられました。霊的な成長が進む一方で、それは同時に人間の自然な本能を抑制してきたのですが、これは一時的に必要なことだったのです。

現代になって人類にようやく新しい霊性の時代が訪れたことで、隠された本能を直視し、危険を冒してそれを行動に移さずとも浄化できるほど強くなりました。しかし今日でも、どこまでが安全で悪意のない表現で、どこからがネガティブで肉欲的、破壊的な性的行動になるかの線引きを正確にできる人は、めったにいません。この道を進んでいるあなた方は先駆者であり、何よりも重要なその違いを見抜く術を身につけようとしているのです。そうしてこそ、あなた方は人格を統合し、自身のあらゆる側面を浄化し、今現れているありのままの性的衝動を安全に表に出すことができます。今のところあなたがいつも停滞気味で活気なく、性の問題でしょっちゅう悩むのは、あなた自身のネガティブな生のエネルギーを安全に扱えないために閉じ込めてしまったからです。しかしあなたは今、新しく素晴らしい方法によって本能を解放し、純粋で活気ある生を取り戻そうとしているのです。

認識されず、放置された邪悪さに生のエネルギーが集中すると、そのエネルギー自体を恐れるようになり、停滞している方が害は少ないだろうと考えてそのままでいることを選びます。そのような無感覚な状態もやはり苦しいものであり、性へのあこがれは耐え難いほどになりますが、内なる人はあまりにも戸惑い恐れているので、真実を直視できません。邪悪さの存在は知られないままに、その人格は性的衝動を人為的で不自然な形で強引に実行しようとし、結果としてそれはひどい失望に終わります。人工的な刺激物に頼るしかなくなり、性は人格の他の部分からさらに切り離されてしまうでしょう。

各レベルの間に分離があると、それはさらなる妨害となります。分離は以下のような状況として現れるでしょう。感情のレベルは「私は愛したくない」と言い、その言葉は本人の認めない憎しみがあることを示しています。精神のレベルは、「私は愛さなくてはいけない。愛さなければ、私は悪い人になるし、喜びも得られない。だから無理にでも愛する」と言うかもしれません。同時に精神の別のレベルは、「私はあなたを必要としていない。あなたは悪い人だから」と言って、愛さないことの言い訳をするかもしれません。肉体の性的レベルは、「私は快楽を得るためにあなたを所有したい」と言うかもしれません。このような困難な状態にあっては、性は抑制されるか、またはいわゆる倒錯的な形で発揮されるようになります。たとえば相手に苦痛を与えて快楽を得たり、自分と相手を否定することで快楽を得たりするでしょう。憎しみを抱いたり、利己的になったり、残忍な性を行ったりすれば、必ず罪の意識が生まれます。その罪悪感は、愚かなほど禁欲的で厳格な考え方から生まれるものとして、合理的に説明され打ち消されてしまいます。しかしどれほど「賢く」なっても、罪の意識はまといつきます。

性に対する罪の意識の起源

そのような罪の意識はどこから来るのでしょう？　自覚があろうとなかろうと、密かに憎しみや残虐性を持っていて、それが性的な表現の中にこっそりと顔を出すなら、きっと深い罪悪感を持つでしょう。人をこき下ろしたい、私腹を肥やしたい、人の気持ちを無視して搾取したいなどの欲望を直接処理できない場合、それは神聖な性を汚すことになります。**実際に、性はどこまでも神聖なものなのです。**性がエゴの拡大と権力への欲望のために利用されたとき、必ず罪の意識が生まれます。しかしその罪の意識は、「不可解なもの」、あるいは生い立ちや幼児体験に起因するものとして片づけられてしまいます。

実際に行動するにせよ、考えるだけにせよ、**強力な霊的エネルギーを倒錯的かつ破壊的に使うほど危険なことはありません。**性の中に殺意や憎しみが混ざり込むと、それは凶暴さを帯び、霊性とは相容れないものになります。数千年もの間、人類は性を通して極めて野蛮な衝動を行動に移してきました。それにより、性自体を野蛮なものだと信じるようになりました。ようやく今の時代になって、人類は考えつく限りの邪悪さの一つひとつに向き合うことができ、それに命令されるがままに行動しなくなりました。今日では、自分の中の悪意に敏感に気づく良心が人々の中に芽生えています。その気づきは必ずしも表には現れませんが、精神の中には存在しています。それゆえ、人々は性的衝動に任せて行動することを躊躇します。なぜならば、持っていないはずのネガティブさや邪悪さ、破壊性が表に出てしまうかもしれないからです。

パスワークの精神を踏まえ、これらの言葉を参考にして、真実を見抜いて受け入れることを自分自身に許せたなら、自己に対するより深い洞察を得るでしょう。そしてより多くの原因と結果の結びつきを発見し、自己をさらに浄化できるばかりでなく、以前は見失っていた性的な力を活性化できるでしょう。さらにあなたは自身の性を解放すると同時に、それを霊的な自己に統合させるでしょう。しかし、それはタイミングを無視して強制的に行われるのではなく、自然な経過を経て起きることです。このようにして、あなたは性のエネルギーをネガティブ性の影響から解放します。皆さん、これに取り組んでください。取り組めば取り組むほど、あなたの行き詰まりが解消されるでしょう。内面の活動が自然であればあるほど、あなたは融合という経験を通してより活性化し、無意識下のプロセスがよりよく機能するようになるでしょう。**あなたの最も奥に秘められた性的な妄想とは何かを、曇りない真実に照らして見たとき、あなたは解放されるでしょう。**受けとめられないほど重い真実は存在しません。現実的な判断力の下に突きとめられた真実があなたの霊性と真の自己の価値を下げることは、決してありません。こうしてあなたは、死んだも同然の状態からよみがえり、目覚めます。自分自身の中にある恐れから自由になるのです。

このレクチャーを終える前に、この話題に関連してもう一度繰り返しておきたいことがあります。

宇宙の男性性原理と女性性原理は、あらゆる創造的活動において発現されます。それらはパートナー同士の間で、そしてそれぞれの中で、どのように発現するのでしょうか？　男性性原理は、手を伸ばし、与え、行動し、着手し、主張するといった外に向かう活動を発現させます。そして女性性原理は受け入れ、育むという内に向かう活動を発現させます。歪みやネガティブさがあると、男性性原理は敵意に満ちた攻撃性として現れ、手を伸ばしたり、与えたりというよりも、襲いかかる形になります。また、歪みがある場合の女性性原理は、優しく受け入れたり、育んだりする代わりに、つかんだり、横取りしたり、盗んだり、握りしめたり、手放そうとしなくなったりします。これらの二つの原理は生活のすべての行動に現れます。そしてそれらは、調和したものも歪んだものも、男性と女性の両方に存在します。自分自身の中をほんの少し観察すれば、これは容易に発見できます。それらは魂の活動として現れており、身体的な行動として現れることもあれば、現れないこともあります。

完全な融合

これらの活動は、創造されるすべてのもの、存在するすべてのものの中で必ず起きており、欠くことのできない「創造」の一部です。それらの原理が自分の中でどのように発現されるかを解明してしまえば、それらの発現と自分の精神、感情、肉体のレベルとの関連を容易に見抜くことができます。それらがどう関連しているかを、自分自身で見られるようになってください。男性と女性がどれほど満たされた融合を達成できるかは、それらの原理が両者の中でどれほど調和的に働き、かつ融合のためにどれだけ補い合えるかにかかっています。もしあなたの男性性原理と女性性原理の精神構造に対立があり、相互的に作用せず、歪みと不均衡が生じているならば、それはパートナーの選び方やパートナーとの関係の築き方として必ず現れてしまいます。

対立せず、円満に混合が進むと、やがて完全な融合に至ります。完全な融合は、その二つの活動が頂点に達したときに経験することです。あなた方がオルガスムと呼んでいる、愛し合う二人の一体化における融合地点とは、完遂されたということ、つまり何らかの創造的行為において、その存在体たちが努力の末にある程度の融合が可能になり、それと同じ程度に霊的な目的が成就したということです。このような創造的経験がどこまで可能になるかは、あなたがネガティブさと自分勝手な防衛をどれだけ捨てられるか、そしてあなたの最も内奥から起きる、一体化へ向かう制御不能な自発的活動をどれだけ迎え入れるかにかかっています。創造的経験は拡大し続け、最後には全体の完全な融合に至ります。そのとき、その存在体は終わりなき霊的至福の中でその融合地点に留まります。しかし、すべての虚無が霊的な光で満たされてこの宇宙が完成されない限り、創造のオルガスムは一時的なものに留まらざるを得ません。それゆえに、その部分たちは再び分離した状態になり、さらなる長い努力を続けます。一人が全体であり全体が一人になるまで、闇が消えて霊の光、真実、美が行き渡るまで、それは続きます。

すべての人々が自分の中に安全、愛、光という無尽蔵の宝があることを深く知ったとしたら、どれほど素晴らしいでしょう！　それを妨げているのはひとえにあなたの思考と無知であり、この真実を体感しよう、知ろう、考えてみようという気持ちを起こさないからです。この真実を役立ててください。

終わりに、あなた方に金色のエネルギーを送りましょう。いつのときもあなたのそばにある生の真実、愛の真実、そして霊の本質的平穏の内にあって祝福されますように。

13章のまとめのエクササイズ

至福を見つけるためのエクササイズ

「二人の人間が互いに惹かれ合う場合、二人は互いを知りたい、相手に自分をさらけ出したい、自分を知ってわかってもらいたい、相手のほんとうの姿を見たいという熱烈な願望を抱いている、と言うこともできるでしょう。あなた自身を他の存在にさらけ出すことで、ほんとうのあなたとしての存在は、同じようにあなたを知りたいと思っている相手の自己の次元にすっぽりと入り込むことができます。互いの願望は自然に湧いてくるエネルギーによって高められ、震えるほど幸せな感覚と切望をもたらします」(第13章から引用)

あなたが性にどれだけ満足度しているかを考えれば、あなたがどれだけ実際の自分自身と相手を見出そうとしているかがわかります。実際の姿はしばしば見逃されたり、否定されたり、故意に無視されたりします。性的欲望を抱くと、しばしば人は性的関係があるがままではなく空想の通りであることを求め、その幻想が実現しないと怒りを覚えます。

誰かと親しくなりたいという切望は、人間の魂の中に絶えず存在します。大人同士が親しくなるには、体験を共にし、積極的に触れ合おうとし、互いに与えて受け取り、コミュニケーションを維持し、互いを成長させ、今の相手のありのままの姿を受け入れることが必要です。このような有機的で自律的、自発的なリズムは、自我のみで仕切れるものではありません。相手の魂と完全に一体化したいならば、少なくとも四つのレベルにおいて浄化と統合が起きなくてはなりません。自分自身に関するワークと深い真理の追究に、進んで取り組まなくてはなりません。

ここでは「性」という言葉を、総体的な創造エネルギーを表現するために使っています。性のエネルギーは、融合と統合を目指す意識が現れ出たものです。この章で説明されている四つのレベルすべてにおいて性を体験したとき、あなたの限界ある心があなた自身を閉じ込めた時間と分離の壁を突き破るのです。そのような体験は、ほんとうのあなたは永遠の存在であることを思い出させ、至福の状態をもたらします。

人間の精神の中にあるものは、ことごとく性体験に現れ出るでしょう。当人の隠れた側面は、性の流れに引きつけられてエネルギーを増すことで、さらに表に現れるようになります。この強力な創造エネルギーには、魂が抱える問題を映し出す力があります。

あなたの性を構成している、創造エネルギーの四つのレベルを手短に説明すると、次のようになります。それぞれのレベルについてゆっくりと時間をかけて考え、それによりあなたの人生の細部に関する気づきを深めてください。そしてさらに、瞑想によってあなた自身の高次の導きを招き入れ、あなたの中の何を成長させ発展させる必要があるかを見出してください。意を決して自分自身の内面の真実に深く入っていき、あなたの性の霊的な重要性を探究しましょう。手放すべきものを手放すことで、今ここの「ありのまま」の機会に向き合い、あなたと相手の「至福」へとあなた自身を招き入れてください！

一体性の至福に到達するために取り組むべき関係と融合の四つのレベル

1. 肉体のレベル

（1）相手に肉体的な魅力のみを感じているならば、いつかはその関係に失望することになり、表面的なつながりに留まるでしょう。

（2）相手に肉体的魅力を感じる場合、しばしばそれは実際の相手ではなく、あなたの心が作り上げた相手のイメージに感じている魅力です。あなたが実際に必要としている、または必要だと思い込んでいるものを得るには、相手がそのイメージ通りでなくてはいけないのです。あなたがどれくらい満たされているかは、あなたがどれだけ実際の相手を求めているかを示す正確な物差しです。二人は互いに、たとえば親のイメージを実際の相手に被せるなどして、他の誰かを求めているのです。そして、それに気づいていません。

（3）誰かと親しくなりたいという切望は、幼い子どもと大人とでは異なる形をとります。幼い子どもにとって親しさとは受動的な体験であり、子どもは栄養と愛情を受け取り、取り込み、吸収します。しかし大人の場合は、互いが互いに働きかけ、両者が手を伸ばし、与え、維持し、育み、受け取り、取り込むときにのみ、親しさに到達できるのです。親しくなりたい、性関係を持ちたいというあなたの願望のどのような部分に幼児的な期待や要望があるでしょうか？

（4）性に対してブロックや行き詰まりがある場合、その主な原因が肉体的な問題であることはなく、それは当人の人格や魂に存在する浄化されていない未成長の側面を象徴的に表しているのです。どこにブロックがあるのか、ほんとうはどこからそのブロックや行き詰まりがやってくるのかに関心を持ってください。

2. 感情のレベル

（1）融合に向かう活動は、感情のやり取りという形で現れます。それは、相手に関するさまざまな事実を見ようとする、自発的な愛の体験です。そのためには自分の自我や欲求、期待、個人的な楽しみを脇へ置き、自分を空にしなくてはなりません。するとその空になった場所に「今のありのまま」の相手を迎え入れることができます。そのとき、その相手という存在のすべての複雑さをほんとうに知覚し、知り、感じ取れるようになります。それによりあなたは、あなたの人間関係を乱す一時的な苦しみや苛立ちをもっと大きな観点から眺めて、上手に対処して乗り越えることができます。このような感情のやり取りによって、あなたは実際の「至福」を受け入れ、至福に満ちた体験を与えたり受け取ったりするでしょう。

（2）パートナーの、まだ実現されていない可能性を含めた全体的イメージを思い浮かべることは大切です。それは素晴らしい愛の行いです。（ガイドの「イメージを思い浮かべる」という言葉は、対象を外側から視覚的に観察するのではなく、そのイメージの内側にいる感覚を体験するという意味です）

（3）愛する人に「ありのまま」でいる自由を与えることができたら、互いの信頼が生まれ、あなた自身も「ありのまま」でいる権利を主張する自由を得ます。

（4）誰かと感情面で融合するためには、感情を素直にやり取りして、ときには関係が危機に陥ることを覚悟であなた自身を積極的に押し出さねばなりません。素直に感情をやり取りするには、第一に自分自身に正直になること、次に欺瞞的で人を傷つける破壊的パターンを捨て去ろうとする善き意志を持つことが必要です。

3．精神のレベル

（1）精神のレベルとは、思考力、深遠な観念や思考をやり取りする能力、そして相手の同意や承認を得られない危険を冒す能力のことです。これには、次のようなことが必要です。まず、ある程度の相性の良さで、人生についての基本的な考え方が同じであり、霊的に似通った成長次元にあること。そして相手をほんとうに理解したいという共通の思いがあり、どのような事情があっても互いに正しいことは正しい、間違っていることは間違っていると認める謙虚さを持つこと。どのような展開になっても、それに感情的に反応するのではなく、その展開には、そして互いの中にはどのような真実が隠れているかを探し求めたいと思えること。自分の内面の奥深くにある目標、あこがれ、不安、希望をさらけ出す力を育て、互いに精神面を共有できること、などです。

（2）意見が食い違うとき、自分の言いたいことをどう扱うか、それについてパートナーとどのように話し合うかは、重要なことです。次の質問に答えてください。「私は単にもめるのが嫌だから意見の対立を避けているのだろうか」。「その問題はとりあえず『重要でない』から、私は表面的に同意して平和を保とうとしているのだろうか」。「私が自分の正しさを主張するのは、ただ自分が正しいと言いたいだけなのだろうか」。「私は自分が建設的に取り組まないために蓄積したネガティブな感情や思考を、相手に同意しないことで発散させているのだろうか」

4．霊のレベル

（1）霊的な融合は、肉体、感情、および精神のレベルでの融合の結果として自然に起きるものです。性は人の魂の問題を映し出すことから、性の体験はその人の精神の様相を的確に表現します。その人がどれくらい自由か、神聖な法則とどれくらい共にあるかを示し、さらには邪悪で破壊的なエネルギーがどこに隠れているかをも示します。そのエネルギーは、否定されて放っておかれたために停滞して淀んでしまったエネルギーです。性的な幻想は、これらの否定され、抑圧され、隠されたパターンを表に出します。あなたの性的な幻想は、内面的な成長のためにはどこに目を向ける必要があることを表していますか？

（2）二人が霊的な真実にしっかりと根ざしていなければ、パートナーに心置きなく反対意見を言うことはできません。霊的現実が究極の目標になったとき、すべての現実を包括するたった「一つ」の真実しか存在しないことを、あなたは承知しています。霊的現実を最終的な目的地ととらえれば、あなたは意見や観念、思考のサドルに身軽に腰かけることができるでしょう。そうなれば、容易にそれらを伝え合うことができるようになります。あなたが常に内面の霊的真実を目指しているなら、些細な意見の食い違いなどは徐々になくなってしまいます。少し時間を作って、高次の真理の導きにより相手と深くつながる自分を想像してみてください。そのとき真理はあなたに強さを与え、あなたは口論や欲求不満などの一時的な不快さを乗り越えて進めるでしょう。

アリソン・グリーン・バートン

第14章　新しい時代の女性、新しい時代の男性

こんにちは、私の愛する大切な皆さん。ここにいるすべての人に祝福がありますように。今日は、男女の関係および女性に関する意識の進化についてお話しします。男女の関係の進化に触れずに意識の進化を語ることはできません。

この惑星は成熟しつつあり、それは男性と女性についても言えます。これは、実際には何を意味するのでしょう？　男女の進化とはどのようなもので、どこへ向かっているのでしょう？　女性性の、そして男性性の究極的な実現とはどのようなものでしょう？　歴史的に見て、現代は女性のほんとうの価値が認められる段階に入っています。女性たちは、やっと幽閉が解かれようとしているのです。

歴史的な観点から見る

人類の歴史が始まったころ、人々は自分たちとは異なるもの、得体の知れぬもの、見知らぬもの、あるいはそう見えるものには、何であろうと不信感を抱きました。異性に対する不信感も大変根強いもの

でした。男性は本質的に女性に不信感を持ち、女性も男性に対して同じようにしました。相手の不信感に満ちた態度は、自分も相手に不信感を抱くことが当然だと思わせました。男性の方が肉体的に強く、初期の人類にとっては肉体的特徴こそが唯一の表現だったので、男性は自分より弱い者はすべて劣っていると見なしました。

人類のこの初期の時代は、男女間の相互の不信と男性の肉体的優位性が露骨に行動で示されていました。それ以降も、そのような特徴と考え方は減少しつつあるものの、男女の双方の意識の中に引き継がれてきています。今日では現実的で成熟した認識が発達したため、昔ほどあからさまに行動に移されることはないかもしれません。しかし、精神の片隅にはいまだに闇があります。それは意識の明るみに出され、変えられなければなりません。

歴史を振り返ると、多くの個人の行動は人類の全体的行動につながったことがわかります。かつて妥当だった考え方は、それ以降も長さにわたって受け継がれます。それゆえ肉体的な能力が何よりも価値のあった時代が終わっても、男性はずっと優越性を保ってきました。人類の成長が進み、今までとは違った、男性にも女性にも当てはまる価値が出現しました。しかし男性は、そして多くの場合女性も、女性は男性よりも劣っている、知性や道徳面でさえも劣っている、と考え続けました。これは皆さんもよく知っていることでしょう。

男性が自身の劣等性や弱さの感覚に向き合おうとせず、そのような感覚を持っていない振りをしようとしたなら、自分より肉体的に弱い者たちに対して横柄で優越的な態度に出たでしょう。男性は自分の価値を信じるために奴隷を必要としたのです。奴隷はあるときは動物だったり、戦いを通して支配下に置く集団だったり、またあるときは女性だったりしました。女性は精神的、感情的に男性に依存し、自らすすんで奴隷になりました。

男性は自分よりも強い肉体を持つ人々を恐れました。その恐れが強ければ強いほど、弱い者を従属させたいという欲求は強まりました。道理を知らない人が持つこの人間的な特徴は、あなた方の内面的プロセスを見ればなじみ深いものだとわかるでしょうが、これは埋め合わせなのです。これは人間の意識の中にいまだに存在しています。男性に限ったことではありません。あなた自身の意識を極めて深く観察すれば、同じような考え方があることを発見するでしょう。

肉体的な能力が個人の最大の価値ではなくなってから長い時間が経つというのに、なぜ女性は支配され、自己表現という生得的権利を持たず、精神的、感情的、および霊的に男性と同等であることを否定してきたのでしょう？　自分たちの方が優秀で強いと思いたい、女性をもの として所有したいという自分勝手な欲望を男性が持ったとしても、女性が簡単にその被害者になってしまうのは考えにくいことです。女性たちの何がこのような状況を招いたのでしょう？

この道を歩んでいる皆さんにとって、自分がどのようなことに自己責任を取りたがらないか、どのようなことで強い権威に面倒を見てもらいたくなるかを解き明かすのは、もはや難しくはないでしょう。それと同じ心理で、かつての男女の関係において、女性は自己責任を拒否することで被害者になりました。つまり、面倒を見てもらうための最も楽な方法を選んだのです。女性は自分の代わりに決断してくれて、人生の苦難と闘ってくれる権威者を求めました。男性に依存することで、まがいものの気楽さに安住しようとしました。

結局のところそれは期待通りにならず、女性にとって満足のいく生き方ではありませんでした。間違った考え方をすれば、遅かれ早かれ必ず失望することになります。しかし、女性はいまだに自分が持つべき責任を引き受けようとしません。そして何かあれば、いつも男性が悪いと言います。

新しい女性像を目指す運動には多くの真実が含まれていますが、すべての二元的手法がそうであるように、それは全面的な真実ではありません。どこから見ても真実なのは、女性には男性と同じ知能、才覚、創造性、精神力、そして豊かな自己表現などの能力があることです。そんなはずはないと主張するのは、まったく無意味です。その主張は男性側が好むゲームで、その男性は弱さと劣等性を自分自身が感じていることを認めようとせず、それゆえ女性よりも優れていると思いたがっているのです。

同様に、その女性運動をほんとうに意義あるものにするには、女性は自分の中の何が奴隷状態を招いたのかを突き止めなくてはなりません。ここで私はあえて言いますが、異性に強く反抗し、非難する女性ほど、その魂には自分自身の人生を主導したくない、責任を取りたくない、ただ誰かに頼っていたいという思いが強いのです。不公平で実現不可能な要求をする女性ほど、男性の権威に腹を立て、非難し、被害者のゲームに興じます。

同じように、自分の持つ恐れや罪悪感、弱さを直視しない男性ほど、何らかのパワーゲームに興じ、自分を利用して重い荷物を背負わせていると言って女性に腹を立てることでしょう。男性であれ女性であれ、未熟な魂は代償を払わずに有利な立場を得ようとします。男性は優越的な地位を欲しがりますが、その代償として経済やその他の面で依存されることには憤慨します。また女性は面倒を見てもらうことを求めますが、代償として服従させられることには憤慨します。両者は同じゲームをしていますが、自分たちが共同でこの歪みを作り出していることを見ようとはしません。

既成概念の陰にあるもの

深い意識のレベルでは、表面に現れている言動とは反対の思いが見つかります。そこでは男性もまた大人としての責任を取ることに尻込みし、社会的に責任を問われない女性の立場を羨んでいます。それを埋め合わせるために、男性はパワーゲームをあまりにも重視するようになります。女性は女性で、自分の中にもある攻撃的で強くたくましくあろうとする部分を隠します。これはわかりやすい形で行われる場合もあれば、歪んでわかりにくいこともあります。女性は男性の優越的な立場を羨みます。古い時代は、女性のこの側面は完全に抑制されていました。それは男性の隠れた願望と同じように、社会的に容認されませんでした。つい最近になってその部分はようやく表に出てきましたが、それでもしばしば単に性格によるものだと誤解されています。

男性も女性も、自分の中の二元的な混乱から抜け出る方法を見出さねばなりません。どうすれば感情的に満たされ、自立した大人になれるのでしょう?

社会的な運動や志向、価値観が一面的なもので、全体的な視点に欠ける場合、適正なバランスは取れません。進化の過程では、振り子は片方から正反対の方向へ極端に振れざるを得ませんが、深い洞察があれば人々は行き過ぎを防ぐことができます。

皆さんもご存知の通り、二元性は一体である意識に相対するものです。男性が二元的なとらえ方をすれば、自分は女性よりも優れていると感じ、女性は劣っていると信じるでしょう。そのため男性は女性を自分の都合のいいように利用しますが、同時に女性から利用されているという感覚も持ちます。そのような関係では、人は決して満たされません。女性は自分よりも強い肉体を持つ男性に不当に利用されていると感じ、自分に犠牲を強いる男性を責めます。両者共に、一方的なとらえ方しかできていません。他の方向から見たとき、二人はまったく同じようなことをしています。完全になるために歪んだ形で互いを補い合っているのです。

個人が健全であれば、女性性原理と男性性原理が共に表現されるはずです。それでも男性と女性では多少異なった表現になるかもしれません。なぜならば、違いが補い合って完全な全体ができ上がるからです。しかし、その違いは優劣ではないので、一方が他方よりも優れている、成長しているなどという評価に結びつけてはいけません。

完全に自立した女性

それでは、拡大した意識の時代の女性像とはどのようなものかを描いてみましょう。そして、それを男女の関係に当てはめてみます。新しい時代の女性は自己の責任をすべて引き受け、それゆえ自由です。経済面ばかりでなく、知的、精神的、感情的にも自立しています。つまり、詳しく言えば、彼女は知っているのです。どのような男性も彼女に幸福と豊かな感情を与えることはできないこと、それらは彼女自身が統合されて愛さなければやって来ないこと、そのために彼女は心を開いて愛し、自身の内にある真実を受け入れなければならないことを……。新しい時代の女性は、男性を愛し、男性への恋心に身を任せることで自分が強くなれることを知っています。彼女にとって、社会の中で利益を生み出し、創造性を発揮して貢献することと、愛にあふれる伴侶でいることに矛盾はありません。それどころか、実は自分の責任を回避するために奴隷の役を演じる人は、ほんとうの愛を感じることができないのです。女性が職業を持つと女らしくなくなる、感情が乏しくなる、優しくなくなる、伴侶に与えるものが少なくなる、などの古いおとぎ話は決して真実ではありません。

この新たなあり方には、強さと自律性を養うことが要求されます。そのためには、それが必然的に引き起こす事態を引き受け、現実の重さを背負わなければなりません。しかし、それに憎しみや反抗心、競争心、軽蔑心をこめてはいけません。そしてネガティブな攻撃性とパワーゲームという、男性的な過剰さと歪みの最悪な形態を発動させないようにしてください。それを高次の自己から来る真実の力と愛によって行ってください。実際に何が起きているかを理解するのは難しいと誤解しているため、それを見ようとしないならば、まずはそれが難しいと感じていることを受け入れましょう。そうすれば、それは少しも難しくないことだとわかってきます。自己責任を引き受けるのは難しいことに見えますが、それにありそうな苦難を受け入れてしまえば難しくなくなります。なぜなら、そのように受け入れることは人生に誠実に向き合うことだからです。

歪みがあるうちは、女性は自分自身に与えようとしないものを相変わらず男性からもらおうとします。しかし、新しい時代の女性は、そのようなことはありません。これは、人生を共に歩む二人が自然に困難を共有することを否定しているのではありません。そのようなことを話しているわけではないのです。

パスワークを学んだあなたは、高い権威を持つ父親から与えられたいと密かに望んでいたものを伴侶からもらおうとしていることを、非常によくわかっているでしょう。そして、そのような暗黙の願望はいつも人間関係を壊してしまうこともわかっているはずです。あなたはその願望があるために腹を立て、あなたが狡猾に利用しようとしているその権威者を恐れるようになります。恐れがなく、それゆえ自己防衛したり、相手を責めたりしない真に対等な雰囲気がなければ、愛は決して開花しません。女性が単に男性の召使いになれば女らしさが花開くというおとぎ話とは反対に、実際は女性が最もいい意味で自由になり、自立し、依存しないときに、さまざまな感情が開花できるのです。真に対等にならなければ、人は決して満たされることができません。自分が相手よりも優れていると感じた瞬間に尊敬の念は薄らぎ、感情を閉ざしてしまいます。反対に自分が相手よりも劣っていると感じた瞬間に憤りや恐れ、羨望を抱くのは避けられません。そして、その場合も心を閉ざしてしまいます。

新しい時代の女性は、男性の奴隷でも、競争相手でもありません。それゆえ彼女は愛することができます。そして、その愛は創造的な自己表現を抑制しないばかりか、さらに磨き上げるでしょう。創造的に生きることが彼女自身の愛の能力を高めるように……。これが新しい時代の女性です。

完全に自立した男性

拡大した意識の時代の男性は、もはや自分自身の弱さを否定するために弱い伴侶を必要としません。彼は自分自身の弱さに目を向け、それを直視することでほんとうの強さを獲得します。弱さはいつも罪の意識から来ていたこと、そして自分自身を拒絶するときはいつも何らかの形で高次の自己の完全性を否定していたことを理解します。それゆえ、彼はもはや奴隷を必要としません。そうなれば、男性は自分と対等な者に脅威を感じなくなります。自分はまずまずの人間だと確信するために劣った伴侶を必要とすることは、もうありません。もちろん、そのような考えは幻想だったのです。自分の弱さを直視してしまえば、ほんとうの強さを得られます。その結果、女性との関係は極めて対等なものになります。もはや彼は、自分と同じくらい創造的で優れ、道徳的で知的な人間に脅威を感じないのですから……。彼は奴隷の雇い主を演じる必要がありません。これによって彼はさらに心を開き、以前はまったく不可能だった充足感を得られるのです。

かつて彼が陥っていた悪循環は、今はいい循環へと変わるでしょう。劣等感に心を閉ざし、憤りを感じ、憎み、それゆえ苛立って異性を責めていましたが、今ではいい循環によって心が開かれています。十分に自立し、自己の責任を引き受け、自己実現する男性と女性は、互いの中にあるものを恐れたり、羨んだり、腹立たしく思ったりしません。それゆえ、すべての感情の水路を開き、満たされ、伴侶に感謝の念を抱いています。こうして対等な二人は互いの個人としての成長、男性として、女性としての成長に貢献し合います。これが新しい時代の男性、女性、そして関係です。

このような状態にないとしても、自分の中にある思い込みや歪んだ期待、現実離れした目的、ネガティブな感情に気づき、内なる戦争を継続させていた自分を認識できさえすれば、あなたは自分自身と他の人に対してこれまでとはまったく違った見方をするようになります。ですから、新しい時代の男性と女性は必ずしも完璧ではなく、完全に成長しているわけではありません。むしろ、彼らは自分が満たされない理由を、相手の中と同じくらい自分の中にも探すのです。それにより二人は、協力して改善すべきネガティブな相互関係を認識できます。自分の正当性を主張して相手を責めることで、自分と相手との亀裂、そして自分と真実との亀裂を深めることはありません。

永遠に成長する過程で、自立性が不信感を取り除きます。男女の間にいまだに存在する不信感は、古い時代の名残です。今、私たちが入りつつある時代では、もはや相手との違いが恐れを誘発することはありません。宇宙への信頼があれば、違いはいつも格別に魅力的です。違いを恐れるのではなく、それに魅力を感じるなら、あなたは存分に自己実現して、障害となる虚構を消し去るでしょう。そうしてあなたは自分の可能性を最大限に実現します。これがわかっているかどうかで、あなたが虚構に留まり苦しみ続けようとしているか否かを見分けることができます。

現在、人間の意識には男女関係のあらゆる成長段階が含まれています。あなた個人が意識的に信奉しているのは、おそらく最も高い理想でしょう。しかし深いところでは、あなたの感情的反応は、あなたの意識的な考えにはまったく同意していません。どこにどのような相違があるのかを見抜くことが大切です。これ以外に、内面の不均衡を防ぎ、ひいてはその不均衡が外界に不協和を起こすのを防ぐ方法はありません。

皆さんもご存知の通り、あらゆることを解決する鍵があります。それは愛です。愛がなければ、いかなるものを改善することも一体化させることもできず、決して真実を知ることはできません。そして、真実がなければ愛を得ることができないのも事実です。あなたの心の奥深くの片隅には、まだ異性に対する根強い憎しみと恐れ、憤りと不信感があります。そしてそれよりも悪影響を及ぼしているのは、その状態に留まろうとして、これらの感情を維持しながらも隠そうとすることが、男女の心の開花を妨害していることです。今までの状態にしがみつこうとすればするほど、自己を自分のものにすることも、異性といい関係を築いて自分自身を満たすこともできなくなります。今までと同じ考えを維持しながら満たされようとするのは、まったく無意味です。

ですから大切な皆さんに言いますが、あなたの心の中にある、異性への憎しみが潜む小さな裂け目を見つけてください。おそらくあなたは、相手を非難して腹を立て、それらしく自己正当化して心を閉ざした上で、それを見ようとしてはいないでしょう。女性は被害者になるというゲームをし、男性は非難と優越性のゲームをするでしょう。男性は自分を利用していることで女性を責め、利用することで弱い立場にいる女性に対して優越感を持ちます。一時的に振り子は正反対の方向に振れて、女性は好戦的になり、しばしば自分の心と男性に対する愛を忘れて、愛を拒絶するようになりました。振り子は反動で反対方向へ向かい、男性は積極的な攻撃性を忘れ、かつての時代には絶対に見せようとしなかった弱さを表現するようになるのです。

現代は変化の時代

振り子の揺れには必ず目的があります。それは、真の中心位置を探ることです。男性は今、真の強さを探し出そうとしています。男性は偽りの強さ、偽りの優越性から脱却しなければならないのです。一時的に弱くなる必要がありましたが、自分の弱さを直視することができるようになった今、新たな強さを得ようとしています。こうして男性は自分のほんとうの価値と力を拡大させます。そうなれば、もはやチームの中で優越的な地位に立つ必要はありません。そして感情面ではパートナーに対し温かく接するゆとりが生まれます。同様に精神面でも、パートナーと対等に接することができます。これが新しい時代の男性です。

皆さん、ですから皆さんが目を向ける必要があるのは、あなたの中の狭量で真実を理解したくない部分、今の自分を変えずに憎み続けたい部分です。異性に対する憎しみを手放す必要があります。あなたが目指すべきことは、愛し、許し、理解すること、そしてあなたが憎み、恐れ、不信感を抱いているものは、おそらく現れ方こそ違うものの、あなたの中にも相手の中とまったく同じように存在することを見抜くことです。

女性は、男性とまったく同じくらいに能動的原理を体現します。そして男性は、女性とまったく同じくらいに受動的原理を体現します。性的な一体化においては、これらの原理は必ずしもまったく同じように現れるわけではありませんが、内面的エネルギーは能動的原理と受動的原理の組み合わせになるでしょう。そうでなければ、バランスが取れなくなります。受動的原理、つまり女性性原理が組み込まれなければ、どのような男性も真の男性にはなれません。男性が男性性原理のみを発現した場合、彼は戯画の中の男性のようです。彼は弱い者をいじめ、横暴で、大げさで、欺瞞的でしょう。同じように、受動的原理のみを発現する女性は戯画の中の女性のようであり、人に頼る幼い子どもでしかなく、自身の自立性を否定します。ですから感情面で十分に受動的になるには、女性はあらゆることで男性と同じくらい能動的原理を発現しなければなりません。

二つの原理は男性と女性が共に体現すべきものであり、互いに補い合う一方で、ときには互いに同じようにあるべきものです。頭で考えてこのような完璧なバランスが生まれることはありません。それは内面での愛の行為、つまり内面において異性を憎しみや不信感、責任追及から解放してあげることによって、自然に成り立つものです。日々の瞑想でこの解放を言葉にすれば、そして男性と女性の意識の中に神の恩寵が訪れれば、愛が真実へと導いてくれるでしょう。真実が愛に導いてくれるように……。新しい宇宙では、個人たちは男性も女性も同等に生産的な人間として役割を果たし、互いを補って助け合い、愛し合い、尊敬し合い、寄り添って互いの至福と新しい世界を創造していくでしょう。これが人生のあるべき姿です。

職業とパートナーシップ

皆さんはすでに、パスワークの一つのパターンに気づいていることと思います。それは、個人としてパートナー同士の関係の問題を解決するには、まず職業の問題を解決する必要があることです。このレクチャーの文脈の中で、このことは極めて明確になるでしょう。二人の関係を築いた目的が相手に依存したり、寄生したり、相手を自分の都合で利用したり、または奴隷化して支配したりすることならば、最低限の自立性と独立性が確保されるまで、しばらくの間は自力で生活する必要があります。ひとたび創造性の流れが起きてしまえば、新たな自由により囚われていたエネルギーが解放され、異性に対してこれまでとはまったく違った接し方ができるようになります。

皆さんにこのレクチャーを行うことができてとても幸せです。男性でも女性でも、その人の全体が開かれてゆく過程を促すものはすべて、この私たちの世界での喜びだからです。皆さんを通り抜けるキリスト意識の素晴らしさを感じ取ってください。平穏にありますように。神の内にありますように。

14章のまとめのエクササイズ

伝統的な女性像と男性像のコラージュ（訳者注：写真や印刷物を切り貼りした一枚の絵のような作品）、および両者の関係を表現するコラージュを作りましょう。それらによって、あなたの属する社会や家族が持っている信念や固定概念、偏見（集団的イメージ）、さらにあなた自身の考えや怒り、不信感を表現してください。

できあがったら、「伝統的な女性」の気持ちになって数分間歩き回ることで、その女性を体現してください。それを終えたら、次に「伝統的な男性」についても同じことをしてください。その際何か言葉を発してもいいし、発しなくても構いません。

それぞれの人物になってみて、どう感じましたか？　体のどこがくつろぎ、どこが緊張しましたか？

それでは次に、完全に自立した女性、および完全に自立した男性のコラージュを作り、さらにその二人の関係のコラージュを作ってください。その際、この章のガイドの言葉に対するあなたの理解を反映させましょう。

できあがったら、新しい時代の女性になったつもりで歩き回ることで、「完全に自立した女性」を体現してください。次に同じように「完全に自立した男性」を体現してください。

これらの人物になってみて、それぞれの役割において自分の体にどのような感覚があったでしょうか？　それを書き出してみましょう。

イングリッド・シャーホルツ

第15章　新しい時代の結婚

私の愛する大切な友人である皆さん、あなたの人生、そしてあなたのすべての思考、努力、試みは祝福されています。

宇宙の霊的エネルギーは非常に強いので、浄化されていない人格には抱えきれません。個人の心と意識がネガティブで歪んでいればいるほど、それに応じてその強力な流れは最悪の事態、苦しみ、危機として現れます。それでも、清らかなキリスト意識の流入を受け入れてその一部となることは、すべての魂の奥深くにある願いなのです。

このような観点から見ると、結婚という制度の発展は非常に重要な意味があります。今、これまでよりも深い洞察が必要になっています。結婚をより広く、深く理解することで多くを学べば、あなたの願望を言葉で明確に表現できるようになります。いつのときも願いを現実化するには、まず初めにこの段階を踏まなければなりません。

時代による結婚の変遷

これまでに結婚がどのように進化してきたかを見て、将来の姿を予想してみましょう。それにより、現代の人々がこの制度をどうとらえているかを大きな観点から眺めることができます。歴史を正しく理解するには、現実のできごとの根底にある霊的な意味を探らなくてはなりません。

少し前の時代には、結婚は多くの機能を果たしていたものの、愛の分かち合いや人格のさまざまなレベルの相互作用はまったくありませんでした。それどころか、愛することや、二人が性に身をまかせて各レベルの活発なエネルギーを深く交換することは悪と見なされ、否定されていました。結婚は経済的および社会的な契約であり、人格の他の機能や低次元な動機を満足させるためのものでした。経済的および社会的に優位な立場になることが最も重要でした。しかし、それよりも深刻なのは、これらの動機は道徳的に正しく高潔なことであると、絶対的に信じられていたことです。男性は、自分の世間的な印象を高めてくれて、持参金をたっぷり持って来る女性と結婚しました。要するに、欲と高慢が美化され、正当化されていたのです。

男性は、自分たちは女性よりも優れていると考えました。男性にとって女性との結婚は、一家の主の言うことを聞く奴隷を得ることに過ぎませんでした。それゆえ女性は、男性だけが常に心地よく便利に暮らせるように仕える一方で、自分からは何も要求しませんでした。多くの場合、男性のひどく冷酷な欲情の対象になることを含め、このように男性に仕えることで、女性は経済的な安定を得ることができました。女性のただ一つの責任は、主にとって満足できる備品になることでした。もちろん皆さんは、男性の責任には単に経済面だけでなく、他の多くのことも含まれていたことはおわかりでしょう。女性は十分に自立した対等な人間とは見なされなかったので、道義的な責任はほとんどありませんでした。これらの時代には、感情面および精神面に対する責任という概念は存在しませんでしたが、実際には確実に存在していました。そのような概念を自覚しなかったにせよ、男性は他の男性に対してはこの種の責任を受け入れていましたが、女性が相手の場合はまったく無視しました。

明らかに、この状況は男性の歪みとネガティブさのみに起因するものではありません。女性の精神に強く埋め込まれた意図も同じくらい要因となっていました。女性はあらゆる面でできる限り責任を回避しようとし、その結果、不平等な男女関係を共同創造したのです。

統合された流れが持つ力を恐れる

男女の間の愛、エロス、性が持つ凄まじい威力の霊的エネルギーを、男性も女性も恐れていました。そして、今でも恐れています。このような宇宙の力とは創造性の流れであり、そこからあらゆるものが創り出されます。この流れは単に男女を結びつける力として働くだけでなく、それ自体を実にさまざまに表現することができます。それは個人の魂にある男性性および女性性原理と多様な力の流れとを合流させながら、その人が持つ霊的原理を通して表現します。

浄化されていない魂は、この力の流れに耐えられません。人格において、浄化されていない魂の中身が腐敗すればするほど、その流れはますます拒絶され、抑圧され、分裂します。愛や献身、尊敬が伴わない性は、拒絶されて分裂した流れでしかありません。統合した完全体から流れ出て愛および霊的一体化に混ざり合う性よりも、誰とでも見境なく行う性やポルノの方が満足できると考える人々は、ひどい間違いを犯しています。真実はその正反対です。しかし、前者のような性には凄まじい力があるので、それが半ば闇の中に生きている魂から生じることは決してありません。

人間のもう一つの間違いは、互いに貞節な夫婦の性は分裂した性よりも発達段階としては必ず上位にあると信じていることです。前に述べたような古い時代の典型的な夫婦は完全に抑圧的で、霊的な力の流れを拒絶していました。いまだに多くの男性はそれを拒絶しているため、自分が愛して尊敬する女性に対して強い性的な感情を持つことができません。またときには、その力の流れに対する無意識的な恐れがあまりも強いので、流れは完全に分裂し、愛する女性と性的な関係を持てないこともあります。しかし多くの場合、その分裂はまったく同じように女性にも存在します。男性は妻となった女性をある程度愛し、尊敬することはできますが、性的一体化においては妻の真の姿を意識から抹消してしまいます。このようなことが起きるのは、男性の心の中で女性がただの備品になったときだけです。世間的にきちんとした夫婦でもポルノのような性が行われることもあり、社会的には十分に容認されています。

女性が一体化した力の流れを拒絶すると、しばしば自分の体の性的な面を完全に拒絶することにつながります。性的欲求を拒絶する努力にもかかわらずそれが起きてしまうと、罪の意識と羞恥心を抱きます。

今日この世界では、性に関する罪悪感と抑圧は今までにないほど強くなっています。抑圧と拒絶、罪悪感と不実な羞恥心は、単に社会的道徳観と偏屈さから生じたわけではなく、完全に統合された力の流れのエネルギーを抱えきれなかった結果として生じたものです。その流れの強さは、少なくともある程度ネガティブさや恐れ、不審、破壊性から自由になった人のみが耐えられるのです。

特別に選んだ相手と体で深く溶け合うこともせず、愛のない性を求め、行きずりの相手と感情も知性も抜きに好き勝手に関係を持つ人と、妻に対して貞節を守り、夫として義務的に密かな子作りにいそしむ道徳主義者とは、本質的には何も変わりません。両者は共に、エロスの力と魂の成長における相互性の力によって統合される性愛の流れを恐れ、個人の浄化を通して互いに深く関与することを恐れているのです。

神秘的なエクスタシーに向かって

これまでの男女関係と結婚に対する考え方は、統合された性愛の流れに対する恐れに直接的な影響を受けていました。普通の人々が実際に自己浄化に取り組むことはなく、教会でのみ、ある程度実践されていました。しかし、そこでも禁欲の掟があるために、流れの全体的な力は弱まらざるを得ませんでした。実際には、当時でも特別に優れて進化した人々がいて、自身の個人的な努力によってこの霊的な力を呼び起こすことはありました。**神秘的なエクスタシーとは単純に霊的な力の流れの解放であり、その流れの中で、生きている物理的な現実としての神を体験するのです。**十分に恐れが消えて、自己浄化の道を共に歩む男女が溶け合う場合にも、これが理想的な形で起きることがあります。二人は一体化することで内なる力の流れを解放し、その結果、自分の中の神、そして相手の中の神を体験するでしょう。

このような体験の話を続ける前に、これまでの進化の段階を振り返ってみましょう。私が描いた結婚観は、さほど魅力的なものではありません。これまでずっと続いてきたような結婚は、これらのしきたりを持続させた道徳主義者たちが非難したいかなる罪よりも極めて罪深いものでした。道徳主義者たちは、外から見てわかりやすい不倫や多数の相手との乱れた性を罪深いものとして非難の矛先を向けました。これらの行為が、神から与えられた愛と性の統合と、それ自体が聖なる存在の表現である偉大な力の流れを拒絶していたことを示すのは確かなのですが……。

ある意味では、恐れと拒絶は浄化されていない魂、つまり、言うなれば堕落した霊の症状です。しかし、人にはそれぞれ神と一体化した状態へ戻る過程で果たす任務があるので、それをひどく非難するのは無益なことです。非難する人々は、その人自身が堕落した浄化されていない魂であり、同じ進化の活動の一端を担っています。強大な力の流れを恐れて拒絶しているならば、それに対処するにはそれらを受け入れるしかありません。その非常に強い力に人格が徐々に慣れ、安心して受けとめるためには、穏やかな訓練が必要です。魂が大きく成長するにつれ、エクスタシーは心地いいものとなるでしょう。これは何回もの転生を経て成長した結果として起きることです。

最近まで優勢だった結婚観が実際に罪深いものであったのは、第二の罪が原因でした。男性は自分と対等な者を愛することへの恐れを認めようとせず、女性を下等な者と見なす必要がありました。そして、女性は自分と対等な者を愛して性の喜びを体験しようとせずに、男性を敵と見なして遠ざける必要がありました。男性は対等な関係を恐れていることを認められず、女性をものとして扱う必要がありました。そして女性は、あらゆる面での自己責任を恐れていることを認められず、自らものとなり、共同で創造したこの状況には男性側に責任があると非難する必要がありました。男性も女性も恐れを認めようとしませんでした。この状態は深い意味で第一の罪とも呼べるでしょう。これはすべての人が背負っている罪です。

恐れを認めないことで、第二の罪が生まれました。そして、これらの第二の罪のいくつかは、ローワーセルフにさらなるエネルギーを与えました。物欲が増大し、金銭や権力、社会的な優位性が伴侶を選ぶ際の動機になりました。社会に対する印象や体裁、理想化された自己イメージが大事にされ、高慢と虚栄が偽りの道徳的価値にまで高められました。世間で通用する規範からはみ出した人々に対して道徳観から憤慨した、つまり道徳的に自分が正しいと主張した男性と女性を見れば、第二の罪がどれだけ強固なものかがわかるでしょう。仮面の自己が追求したのは強欲、自己利益の計算、高慢な見かけ重視の価値観、そして道徳的規範を立派に守るために互いを利用し合うことでした。このような追求は、普通の偽善よりもはるかに深刻な偽善です。これほど深く根づいた悪質な偽善は徹底的に排除される必要がありました。それ以外に魂を癒す方法はなかったのです。皆さん、これまで何世紀にもわたって続いてきた、結婚に対するこのような考え方の本質をぜひ見抜いてください。愛のために結婚した人々は、素晴らしい例外でした。

集合意識の状態が、過去のほとんどの結婚におけるこのような状況を創り出していました。またその集合意識は独特なカルマを創造し、特有の目的を持った次の転生へと導きました。たとえば男女の間に一般的に存在した敵意は、現在よりもはるかに強く個人の男女に現れることになりました。多くの場合、そのような男性や女性は将来の結婚相手として出会うことを運命づけられました。年長者がそのような結婚を取り決めたことがよくありました。この種の結びつきは、ネガティブな感情と考え方を、それが普遍的であれ特殊であれ、それぞれの中に存分に呼び覚ましました。それらは、一度気づいてしまえば、本人の特徴を変容させる基盤となりました。ですから皆さん、天界で決められた結婚は必ずしも愛情や魅力、尊敬に基づいた楽しいものではなかったのです。多くの男女のネガティブな相互関係が集合的意識を、そしてカルマを、さらには社会規範をも創造しました。

集合意識の大きな飛躍

つい最近になって、意識は飛躍的に変化しました。人類は古い考え方を捨てて新しい状態、新しい規範、新しい道徳的価値観を創造する準備がすっかりでき上がりました。この時代に起きている多くの劇的な変化に、このことがはっきりと見て取れるでしょう。女性解放運動、性の解放運動、そして結婚に対するこれまでとは大きく異なる考え方は、新たに現れつつある意識の明白な兆しです。これらのできごとは、総体的な進化の方向性という観点から眺める必要があります。さもなければ、これらの変化が人間の内面にとってどのような意味を持つかをしっかり把握することはできません。

進化のためのさまざまな変化においては、振り子が一方の極端から他方の極端へと揺れる傾向があります。それはときには避けられないものであったり、またあるときは、振れ幅が極端でない限り望ましいものでさえあります。しかし、振り子が必要以上に、あるいは望ましい範囲を超えて揺れた場合、一方の極で起きた狂信や無知とまったく同じものがもう一方でも起こります。

たとえば今日の自由な性は、前時代の束縛に対する反動です。新しい時代の意識の叡智が完成されて、気ままに次々と相手を変えるよりも一人の伴侶に深く関与する方が自由で、自己解放的で、比べようもないほど素晴らしいことだと知るまでは、このような段階はある程度必要です。サイクルとしては、押しつけの一夫一婦制――それにより男性と女性双方の個人的成長が制限された――から、その状態は人々を衰弱させることが認識され、その結果性的放縦や一夫多妻的な表現へと向かう必要がありました。そして今、そこから離れて向かえるようになったのは、内面の真の自由と独立という新たな土台です。そこでは、比べようもないほどの達成感を得られるからこそ自発的に一人の伴侶に深く関与します。

結婚に対するかつての考え方で特に有害だった点は、その目指すところが日和見主義と物欲、そして相手を利用することであったために、連れ合いを求める気持ちと性的な欲求が汚染されたことでした。さらに悪いことに、この汚染とすり替えられた目的とは道徳的に望ましいことと見なされました。一つの魂の流れが内々に他の魂に仕える時、両者はネガティブな状況に陥ります。愛とエロス、性があるべきあり方をしていれば、成功や周囲からの尊敬、物質的豊かさへの欲求は、高次の自己の流儀で機能することができるはずです。人類はこのような歪みから脱却する必要があったので、ある程度の混乱を伴う変動は避けられませんでした。性の革命がときには望ましくない事態を起こしましたが、それは前後の状況から見たときにだけそう見えるに過ぎません。

もちろん、ほんとうの学びは個人的に行われるものですし、私が話しているのはまさにそのような学びです。古い慣習は、何としても徹底的に変わる必要があります。性の表現が変わり、性欲が喜びを持って受け入れられなくてはなりません。それと同時に、個人の男性と女性は、愛とエロスと性の完全性、愛情と尊敬、優しさと情熱、信頼とパートナーシップ、分かち合いと助け合いの途方もない重要性を理解する必要があります。ですから、相手に深く関与する関係を目指しなさいと言うのは、あなたから喜びを奪うような道徳的指図ではないことをわかってください。ほんとうはその反対なのです。愛、尊敬、情熱、性の融合により喚起された力の流れは、おざなりの融合からは絶対に得られない、限りなく強いエクスタシーをもたらします。実際にそれはあまりにも強いので、これまでさんざん反発を受けてきた権威者たちこそが誰よりもこの連合した流れを恐れています。彼らは、分裂した状態での性のみを自分に許し、心から切り離され、ほんとうの親密さと分かち合いを知らない人々と、さほど違いはありません。

究極の目標

あなたが内なる運命によって最終的にはどのような状態へと成長できるのか、どのような状態を目指すべきなのかを知ることは大切です。海図なしに船の舵を取ることはできません。しかし、自然にそのような理想像へ向かうのと、今はまだなりたくてもなれない自分に無理やりなろうとするのとでは、微妙ながらも明確な違いがあります。今すぐには理想的な自分、つまり完全に融合した個人になれないことを受け入れましょう。あなたの魂が完全な存在になるまでには、長い時間と多くの経験、さまざまな学び、試行錯誤、無数の転生が必要なことは、あなたもわかっていると思います。今あなたが知るべきことは、それを経験するにはまだ遠く及ばなくとも、そのような状態は存在することです。それを知っても自分自身に無理をさせたり、道徳を強制したり、落胆したりしないでください。このような強制的な態度はすべて破壊的で間違っています。

残念ながらほとんどすべての組織的な宗教は、個人がとうてい守れそうもない理想的な規範を強要してきました。今日、組織的宗教の評判が芳しくないのはこのためです。完全な状態という理想は、あなた方の意識の中にそっと置かれなくてはいけません。それがあなたを追い込む鞭にならないように。それは単に、あなたはすでに本来何者か、すでに本質的には何者か、そしていつの日かあなたはあらゆる面で何者になるのかを思い出させてくれればいいのです。

宗教に誤りがあるからといって無神論者になることが愚かであるように、これまでの結婚に歪みがあったからといって結婚を切り捨てることは愚かなことです。結婚制度の価値に多くの人々が疑いを持つようになる前に、すでに結婚に対する考え方は大きく変わり始めていました。とくに最近の数十年は、それが顕著でした。個人たちは自由に伴侶を選ぶようになり、その多くは愛が動機でした。しかしその際も、しばしば間違いを犯しました。ほんとうに意義ある結びつきを形成するには若すぎて未熟なときに、自分と相手とを深く知ることなく表面的な魅力で選んだのです。案の定、そのような結婚は破綻しました。しかし、このような段階も、成熟に向かうためには必要でした。

個人とまったく同様に、集合意識も間違いを犯さなければ学べません。魂が叡智と真実を得るまでは、個人意識と集合意識の双方で新しいやり方を試さなければなりません。結婚の真の重要性を知るには、自由で自主的に選択し、性とエロスの喜びを経験し、過ちから学び、成長につれて新たな成熟した関係を形成することが必要です。そしてその際には、自分よりも未熟な魂を非難してはなりません。これを、あなたを道徳的に教化するための外的または内的な権威による束縛ととらえてはいけません。これは自由に選べる贈りものです。この贈りものとは、考えられる限り最も素晴らしく望ましい状態であり、極めて強烈な喜びと充足なのです。魂と人格はそれに備えて強くなり、へこたれず、成熟し、能力を養う必要があります。至福、エクスタシー、絶大なる喜びは、勝手に訪れるものでも、簡単に手に入るものでもありません。そのようなことでは生まれないのです。人格が十分に浄化され、不安がなくなり、確信を持ち、自己を知り、宇宙を、つまりキリスト性を理解することなくしてそれは生まれません。

性の解放が進み、愛とエロスと性の一体化によって新たな結婚が創造されるまでは、行き過ぎと思われるほどの、あるいは実際に行き過ぎの段階さえもいくつか経る必要があります。解放が達成された先にあるのは刹那的な性関係だと考えてはいけません。そのような状態はせいぜいごく短期間、一時的に現れる段階に過ぎず、それによって心から満たされる人はいません。単に肉体レベルの満足さえも十分得られないのです。それが望むことのできる最も素晴らしい状態であると、あなたは自分自身に思い込ませようとするかもしれませんが、そうではありません。満たされなかった願いがいくつか達成されてきたので、おそらくあなたはさらに深いところにある満たされない願いを無視しているのでしょう。しかしあなたがほんとうに必要とし、欲し、願っていること、そしてほんとうに得るべきことを自分自身に与えるには、さらにはるか遠くまで歩まなければなりません。

性の革命と共に、女性解放の動きも、少なくとも一時的にはある程度極端にならざるを得ませんでした。ですから一部の女性は最大の敵、つまり男性と同じように手厳しく負けん気になって、自分の強さ、独立性、自己責任、創造性、才覚を経験してみたくなったのです。この状態が一過性であり、それからさらなる変化が起きるのであれば、問題はありません。しかし、それが最終目標になってしまうと、弊害が起こります。それは、あなたがもう抜け出したいと思っているし留まる必要もない、抑圧された依存的な子どものような女の立場に居続けるのと同じくらいの弊害です。新しい時代の女性は、以前の依存的立場に特有のものと見なされていた柔和さや従順さと、独立性や自己責任、大人としての十分な自立性とを両立させます。新しい時代の男性は元来の強さや能力と、心からの感情、柔和さ、優しさとを両立させます。そのやり方は女性とは異なりますが、互いに補い合うような形で行われます。二人は新しい時代の結婚を形作るのです。

新しい時代の結婚における融合と透明性

新しい時代の結婚ができるのは、ある程度の年齢になってからでしょう。若くしてそのような結婚ができたのなら、その二人はこの道のような内面のワークにひたすら熱心に取り組んだ結果、かなりの成熟度に達していたのでしょう。新しい時代の結婚は強さの中軸であり、二人は互いが心身共に強くなるように、さらにはより大きな課題として他の人々も強くなるように共に働きます。新しい時代の結婚は、何ごとについても正直であけっぴろげです。秘密は何もありません。互いの魂のプロセスはすべて共有されます。二人は正直にすべてを明かすことを学ばなくてはなりません。これは言わば道の中の道です。なかなか正直になれない自分を見ようとしなかったり隠したりせず、さらけ出してください。正直になるということは、強力な霊的流れに対する恐れ、そして性と心の一体化によって解放されるエネルギーに対する恐れをさらけ出すことでもあります。たとえまだその恐れを捨てられなくても、恐れを共有することですぐに真実が見え始め、共有すること自体がある種の強い充足感をもたらすでしょう。

新しい時代の結婚において、活気に満ちた関係を築いて充足感を得るには、自己が大きく成長すること、そして自己の隠れた部分が白日の下にさらされることが不可欠です。もしその活気が減ってきたなら、二人は協力してその原因を探さなくてはなりません。関係の行き詰まりにはおそらく複数の原因がありますが、そのどれ一つとして悪いことや恥ずべきことではありません。

二人の人格のレベルがすべて互いに開かれ、つながり、最終的に融合すれば、その時の性の体験は今のあなたの想像を超えた強烈な活力に満ちあふれているでしょう。あなたは心の底からそれを望んでいます。なぜならば、そのように満たされるのはあなたの運命であり、当然の権利だからです。それには、これまで私が話してきたようなパートナーシップが欠かせません。このような融合は簡単に生じるものではありません。それは限りない忍耐、成長、変化、変容を経た末に訪れるものです。でも、あなたがいつの日か実現できる理想としてそれを心に留めておいてください。

人格のすべてのレベルでの融合とは、すべてのエネルギー体が融合することです。これはめったに起きることではありません。あなたが肉体のレベルのみの融合を経験したときや、感情、精神、霊のレベルでの融合を経験したときには、それがわかるでしょう。これらのエネルギー体はすべて現実に存在しており、主にどのような状態にあるかによって融合できたり、できなかったりします。すべてのレベルで融合したとき、あなたは相手と一体化するだけでなく、神とも一体になります。伴侶の中に神がいることを、さらにはあなた自身の中にも神がいることを実感します。人格が高度の内面的成長と浄化を達成しない限りこの力の流れを受けとめきれないのも、不思議ではありません。

性的な融合はすべてのエネルギー体を巻き込まない限り不十分で退屈なものだと気づいてしまえば、あなたはこれまでとはまったく異なる態度で性を体験しようとするでしょう。性的な一体化は決しておざなりでいい加減にはならず、聖なる儀式ととらえるでしょう。その儀式はその二人の個人により創造され、時が経つにつれて変化していくでしょう。決して決まりきった日課に陥ることはありません。性の体験とは、宇宙的エネルギーとしての男性性および女性性原理の真の融合です。性的融合はそのたびに創造的な行為となり、それは新たな霊的形態を生み出し、自己の高度な成長をもたらし、その成長は他の人にも波及する可能性があります。この二つの神聖な要素、つまり男性性エネルギーと女性性エネルギーの相補的な混合は、完全な充足、エクスタシー、至福を創造するだけでなく、新たな永続的価値観を創造し、自身と相手の中にいる神聖な実在、つまりキリストを深く体験することになるのです。

私の愛する皆さん、あなた方は私が伝えたあなたの運命にはまだ遠く及ばないと感じたかもしれませんが、このレクチャーはあなたを勇気づけているのです。これが理解できさえすれば、あなたはもう正しい方向へ歩んでいるのです。今のあなたがどこにいようと、精一杯前向きにこれを役立てようと心に決めてください。まだあなたがこれを成し遂げていなくても、あらゆる真実がそうであるように、この真実を知ることであなたは自由になれます。私が述べたような完全な融合が起こり得ること、そしてそれがあなたに用意されていることの幸せを感じてください。

それでは、愛する皆さんに祝福を贈ります。あなた方の魂の最も深いところにいるキリストがキリスト意識と融合し、そして皆さんを包み込み、愛と強さと祝福で満たすエネルギーと融合するでしょう。

15章のまとめのエクササイズの概要

1. 「未来の自分を思い描くワーク」がどのような効果を生むか——自分が思い描けるものは引き寄せることができる——を学ぶ。
2. 「未来の自分を思い描くワーク」の手法を学ぶ。
3. 望ましい自分の姿を文章にする。
4. 自分の望ましい未来像へ近づくために実行できそうな行動をいくつか考える。

過去と現在の状態

エクササイズ1

これまでの人生で人間関係がとても良好だった時期を思い出し、その期間をワーク用の紙に記入してください。

その時期にどのように暮らしていたかを思い出して、そのときの関係で感じたことをすべて（うれしかったこと、楽しかったこと、大事にしていたこと）書き出してみましょう。これを一五分かけて行ってください。

望ましい人間関係を思い描く

エクササイズ2

これから先の三年間であなたの人間関係がどう変わって欲しいかを思い描きましょう。

その三年間の中の日付を特定して、次のことを書いてください。

あなたの望む将来をイメージして、たとえば次のように記入しましょう。「今日は（その三年間の中の）○月○日です。自分の築いてきたこの関係を楽しみ、誇りに思っています」。そうして、自分がずっと望み続けてきた関係を築けていることを感じさせ、教えてくれる事柄をすべて書き出しましょう。

これは思考とは別のところから自然に湧いてくるイメージです。ですから、目に浮かんだり、感じたりすることをすべて書いてください。自分を批判的に見ないように気をつけましょう。もう一つ大切なことは、目に浮かぶことを極めて具体的に、今起きているかのように書くことです。大胆に、意識的に、極めて詳細に書きましょう。本書で学んだ良好な関係の特質について思いめぐらせてください。たとえば解放性、透明性、相互性、自己の成長、いきいきした性体験、独立性、自己責任、深いコミュニケーションなどです。

あなたの内面を見つめ、あなたにとって最良の関係をイメージしてください。その関係にはどのような特質や感覚があるでしょうか？（今から三年経つまでに）あなたの振る舞いはどう変わっているでしょう？　相手はあなたに対し、どのように反応するようになるでしょうか？

注意：「私は結婚している！」などと書くのは、そのイメージの実際面ではありません。望ましいイメージには、視覚的な感覚体験と共に、「結婚した」ことの「結果」としてあなたの体に沸き上がった感覚も含まれるのです！

書き終えたら、もっとも目を引く事柄を三つから五つ選んで、☆印をつけましょう。

未来をイメージする——計画ワークシート

エクササイズ3

あなたの望む関係に向けて、☆印を付けて選んだ未来の事柄の一つひとつを実現させるために、これから数週間以内に実行できそうなことを挙げてください。他の項目と一緒に記入しましょう。

望む未来をイメージする——次のステップ

エクササイズ4

- 目標を達成するために一歩ずつできそうなことを計画しましょう。
- あなたの望む人間関係を文章に表して、少なくとも誰か一人に見せましょう。
- 実行したことで何が変わったかを確かめ、それを少なくとも誰か一人に伝えてください。

注意：計画がどれだけ進展しているか、どのような成果があったかを誰か一人にでも伝えることは、このエクササイズの大切な部分です。そうすることで、あなたがそれまでやってきたことが統合され、最終的にはあなたの人生で望む建設的な人間関係を創造することにつながるのです。

あなたは必ず成し遂げられます！

ジュディ・ハラス（ヘルパー）

# 謝辞

大変有用な意見や助言をしていただいたジョン・サリー、ジーン・ハンフリー、ペグ・ハンフリー、スーザン・テセンガ、ジャン・ブレスニック、そして専門的な支援をしていただいたカレン・ミルニック、ヘッダ・コーラー、レベッカ・ダニエルズに対し、編者と当財団は深く感謝しております。

本書はパスワークシリーズの三冊目の本で、パスワーク財団からの依頼で制作されました。パスワークシリーズの編集はドノバン・テセンガが監修しています。

✣ 本文について

本書の各章は、パスワークのレクチャーを編集したものです。レクチャーをわずかに短縮しただけの章もあれば、大幅に削った章もあります。章題は、もとのレクチャーのタイトルと異なる場合もありますので、各章に対応するレクチャーの番号およびタイトルを一覧にしておきます。

第1章　関係性――レクチャー番号106「悲しみ対抑うつ――関係性」、およびレクチャー番号149「進化へといざなう宇宙」

第2章　創造のプロセスにおける男性性原理と女性性原理――レクチャー番号169

第3章　愛、エロス、性のエネルギー――レクチャー番号44（このレクチャーは『Pathwork of Self-Transformation』（『パスワーク』ナチュラルスピリット社）にも掲載されている）

第4章　人間関係の霊的意義――レクチャー番号180（このレクチャーは『パスワーク』にも掲載されている）

第5章　相互性：宇宙の原理と法則――レクチャー番号185

第6章　不幸を望み愛を恐れる――レクチャー番号58「幸福への願望と不幸への願望」およびレクチャー番号72「愛への恐れ」の混合

第7章　愛されたいという正当な願望――レクチャー番号69の第2部およびレクチャー番号75の「質疑応答」の中の回答

第8章　人間関係における客観性と主観性――レクチャー番号42の第2部

第9章　子ども時代の傷を再創造し克服しようとする衝動——レクチャー番号73（このレクチャーは『パスワーク』および『Fear No Evil』（1993年パスワークプレス）にも掲載されている）

第10章　ネガティブな状況に結びつく生のエネルギー——レクチャー番号135「くつろぎにおける流動性——ネガティブな状況に惹かれる生命エネルギー」の第2部、およびレクチャー番号49「罪悪感：根拠のあるものとないもの——道に存在する障害」（135番のレクチャーの当該部分は、『Fear No Evil』にも掲載されている）

第11章　生、愛、そして死——レクチャー番号123「未知のものへの恐れを克服する」

第12章　ネガティブで無意識的な相互関係をやめ、意識的に愛を選択する——レクチャー番号202「ネガティブ性の精神的交流」、およびレクチャー番号133「魂の自発的活動としての愛」の「質疑応答」

第13章　融合：性の霊的意義——レクチャー番号207

第14章　新しい時代の女性、新しい時代の男性——レクチャー番号229「新しい時代の男と女」

第15章　新しい時代の結婚——レクチャー番号251「新しい時代の結婚」

パスワーク・イン・ジャパンより

私が初めてパスワークに出会ったのは一八年前、交通事故に遭い、途方に暮れていた入院中でした。自己に向き合い、多くのものを癒す必要を感じていた時に、パスワークのガイドの言葉は私の奥深くで響き渡り、もう一度自分の人生の道を探していくための希望を与えてくれる道しるべとなりました。

前任者のセシリア・サカイさんが震災のあった二〇一一年に故郷ブラジルに帰られ、その後一一年間、パスワーク・イン・ジャパンの代表を務めてきました。その間、日本でのクラスやプログラムを運営しながら、アメリカでのヘルパーシップ・プログラムに五年間通い、その後パスワークのヘルパーになりました。

本書は、パスワークの三冊目の本となります。パスワークはエヴァ・ピエラコスがアメリカで一九五〇年代に始めて以来、世界中に広まり、多くのヘルパーやワーカーによって今も発展し続けています。パスワークのガイドの言葉は、〝生きた言葉〟または〝意識を開く扉〟でもあると言われています。パスワークを通して、私たちはガイドの言葉やワークの中で様々な意識の層を認識し、癒し、変容させ、未知なる自分に出会う探求のプロセスを深めます。

パスワークが心理臨床やスピリチュアリティの発展に貢献できる側面の一つは、深いネガティビティについての具体的なワークの道筋が綿密にあることだと言われています。自分の中の闇と真に対峙するプロセスを通して、私たちは自己の本当の神聖さや光に出会い、人生が差し出す宝物を受け取っていきます。パスワークは、そのような一人ひとりの魂の旅の本質的なサポートとなるものです。

私たちの自我の表層意識は、自分は分離している存在だと認識していますが、パスワークのような深いワークを通して、私たちは共感性を育み、深いところで互いにつながる体験により、宇宙的で根源的な感情に触れていきます。そのような根源的な深い感情の場所で、私たちは共時性を体験し、〝人間とは何なのか〟ということへの理解を深めていきます。

このような学びと癒し、成長のための質の高い機会が日本でも継続的にあり、パスワークの教えが持つ叡智を日本人の方々にも届けたい、そして日本でもパスワークが根付いていって欲しいと願ってきました。日本での歩みをこれまでずっと支えてきてくれたパスワーク・イン・ジャパンのスーパーバイザーであるアリソン・グリーン・バートンはじめ海外の先生方、日本のパスワークの仕事を担ってきた方々、共に歩んできた多くの友人、生徒さんたち、そしてパスワークの本を出版してきてくださったナチュラルスピリットさんに心から感謝いたします。

本書が自分自身や他者、神聖なる宇宙のエネルギーとの統合を深い次元で求めている多くの方々の手に届きますように。そして、パスワークが長い歴史の中で培われた日本人の霊性と精神性の土台の上で育ち、今後様々なあり方で花開いていくことを心から願っています。

二〇二二年八月一五日

パスワーク・イン・ジャパン　大前みどり

【著者紹介】

エヴァ・ピエラコス（Eva Pierrakos）は、著名な小説家のヤコブ・ワッセルマンの娘として1915年にオーストリアで生まれた。第一次世界大戦後の政情不安定な時代にウィーンで育った。当時は暗闇がヨーロッパ中を覆い始め、第二次世界大戦の勃発が近づいていた。エヴァはオーストリアから逃れてスイスへと移住し、その後1939年にニューヨークへ渡って居を構えることができた。このころ、彼女自身が大変に驚いたことに、非常に賢明で高度に発達した霊的ガイドのチャネリングをする能力があることに気づき、それを育てていった。彼女に対し、長期間にわたり霊的真実が送信された。初めはその能力が現れたことに驚き、次にそれを受け取ることに気の重さを感じた。しかし最終的には彼女に課せられたその責務を謙虚に引き受けるようになり、献身的に取り組んだ。1957年から1979年に亡くなるまで、エヴァは人間の個人的な成長と心理的および霊的な真実についてのレクチャーを行った。これらの258回に及ぶレクチャーで伝えられた個人の変容プロセスは、「パスワーク」として知られるようになった。

1967年に、エヴァはジョン・ピエラコスと出会った。彼は精神科医であり、生体エネルギー療法の共同創始者であり、コアエネルギー療法の創設者でもあった。数年後に二人が結婚すると、それぞれの仕事が混ざり合い、パスワークの輪が飛躍的に広がることになった。現在、パスワークの実践や伝授に関わる人々は、バージニア州のマディソンにある片田舎のリトリートセンターであるセヴェノークス、さらに米国の他カナダ、メキシコ、ブラジル、アルゼンチン、ウルグアイ、オーストラリアの各国にある指導センターで活動をしている。また、パスワークはオランダ、イタリア、ドイツなどのヨーロッパの多くの国々やイスラエルまで広がっている。パスワーク関連の本は、フランス語、オランダ語、ドイツ語、イタリア語、スペイン語、ポルトガル語、ヘブライ語などに翻訳されている。

【編者紹介】

ジュディス・サリー（Judith Saly）は、人間関係についてのレクチャーを選んで編集し、そのテーマに絞った本としてまとめ上げた。各章の初めの言葉も彼女によるものである。ジュディスは本書の他に『Pathwork of Self-Transformation』（『パスワーク』2007年ナチュラルスピリット社）の編集も担当しており、『How to Have a Better Relationship（仮題：より良い人間関係を作る方法）』（1987年Ballantine社）の著者でもある。1958年からパスワークの教えを学んで実践し、約35年にわたってパスワークの指導者として活躍した。またパスワーク財団の理事長も務めた。1955年にジョン・セイリ―と結婚し、ジョンが1996年に亡くなるまで、二人は充実した活気ある結婚生活を続けた。4人の子どもと2人の孫がいる。ジュディスは米国の他にも多くの国々でパスワークのワークショップを行っており、ニューヨーク市においてパスワークの指導者、カウンセラーとして活躍している。

【 翻訳者紹介 】

広瀬久美（ひろせ・くみ）
短大卒業後、会社勤務を経て専業主婦となるが、家族の都合で3年間アメリカ生活を送る。帰国後、通信および通学で翻訳を学び、実務翻訳を経験。その後、かねてから興味のあった現代の真理探究に関する本の翻訳に携わるようになった。訳書に『絶対なるものの息』（ムージ著／ナチュラルスピリット刊）、『愛のために死す』（ウンマニ著／同）、『あなたも私もいない』（リック・リンチツ著／同）、『悟りを生きる』（スコット・キロビー著／同）がある。

パスワーク・イン・ジャパン
HP
https://www.pathworkinjapan.com/

メールアドレス
pathworkinjapan@gmail.com

霊的結びつきを創る
パスワークが伝える親密な関係の本質

●

2022年9月23日　初版発行

著者／エヴァ・ピエラコス
編者／ジュディス・サリー
訳者／広瀬久美

編集／西島 恵
DTP／山中 央

発行者／今井博揮
発行所／株式会社 ナチュラルスピリット
〒101-0051 東京都千代田区神田神保町3-2 高橋ビル2階
TEL 03-6450-5938　FAX 03-6450-5978
info@naturalspirit.co.jp
https://www.naturalspirit.co.jp/

印刷所／創栄図書印刷株式会社

ISBN978-4-86451-410-1 C0011